纪连海谈庄子

内篇

纪连海 著

石油工业出版社

图书在版编目（CIP）数据

纪连海谈庄子：内篇 / 纪连海著. —北京：石油工业出版社，2019.1
ISBN 978-7-5183-2915-1

Ⅰ.①纪… Ⅱ.①纪… Ⅲ.①道家 ②《庄子》-通俗-读物 Ⅳ.①B223.5-49

中国版本图书馆CIP数据核字（2018）第219545号

纪连海谈庄子：内篇
纪连海　著

出版发行：石油工业出版社
　　　　　（北京安定门外安华里2区1号　100011）
网　　址：www.petropub.com
编 辑 部：（010）64523607　图书营销中心：（010）64523633
经　　销：全国新华书店
印　　刷：北京晨旭印刷厂

2019年1月第1版　2019年1月第1次印刷
700×1000毫米　开本：1/16　印张：12
字数：160千字

定　价：38.00元
（如发现印装质量问题，我社图书营销中心负责调换）
版权所有，翻印必究

中国历史上下五千年,悠久而漫长,在历史的长河中,中华民族用劳动和智慧创造了光辉灿烂的文明,积淀了独具魅力的文化。

文化是一个民族的标志,更是一个民族的灵魂。

中华文化是中华民族无数古圣先贤、风流人物、仁人志士对自然、人生、社会的思索、探求与总结,是我国各族人民的智慧源泉与精神支柱,是中华民族的尊严与标志,更是中华民族屹立于世界民族之林的形象,它既是中华民族智慧的凝结,更是道德规范、价值取向、行为准则的集中再现。

中华民族之所以历经磨难而不衰,非常重要的一点,就是中华文化营造出的强大的民族向心力。中华传统文化是中华文明成果根本的创造力,是民族历史上道德传承、各种文化思想、精神观念形态的总和。以现在的学科分类,则囊括了中国古代的哲学、宗教、政治、科技、历史、地理、文学、教育、经济、军事、文化、艺术、民俗诸多方面。概括来说,传统文化包括经史子集、十家九流,它以先秦经典及诸子之学为根基,涵盖两汉经学、魏晋玄学、隋唐佛学、宋明理学和同时期的汉赋、六朝骈文、唐宋诗词、元曲与明清小说并历代史

学等一套特有而完整的文化、学术体系。观其构成,足见其之广博与深厚。

千百年来,中华文化融入我们每一个炎黄子孙的血液,铸成了中华民族的高尚品格,书写了辉煌灿烂的历史,成为人类文明的不可或缺的组成部分。"己所不欲,勿施于人"的行为规范、"乐以天下,忧以天下"的政治抱负、"苟利国家,不求富贵"的报国情怀、"富贵不能淫,贫贱不能移,威武不能屈"的浩然正气、"志士仁人,无求生以害仁,有杀身以成仁"的献身精神、"知人者智,自知者明"的通达心态等,都传承着中华民族的精神基因,这是我们最深厚的文化软实力。

凝魂聚气,强基固本,习近平总书记就传承和弘扬中华优秀传统文化做出一系列重要指示。他指出:"我们决不可抛弃中华民族的优秀文化传统,恰恰相反,我们要很好地传承和弘扬,因为这是我们民族的'根'和'魂',丢了这个'根'和'魂',就没有根基了。""一个国家、一个民族的强盛,总是以文化兴盛为支撑的,中华民族伟大复兴需要以中华文化发展繁荣为条件。"

在2017年10月18日召开的中国共产党第十九次全国代表大会上,习近平总书记提出要深入挖掘中华优秀传统文化蕴含的思想观念、人文精神、道德规范,结合时代要求继承创新,让中华文化展现出永久魅力和时代风采。习近平总书记的讲话,为我们继承和弘扬传统文化指明了方向。

一个没有自己文化的国家，可能会成为一个大国甚至富国，但绝对不会成为一个强国。也许它会强盛一时，但绝不能永远屹立于世界强国之林。而一个国家若想健康持续发展，则必然有其凝聚民众的国民精神，且这种国民精神也必然是在其自身漫长的历史发展中由本国人民创造、形成的。中华民族的伟大复兴，中华巨龙的跃起腾飞，离不开传统文化的持久浸润与滋养。

传统文化对于个人的成长更为重要。众多的专家学者认为，一个人的精神启蒙，往往始于不可替代的传统经典。试想，当优秀传统文化的经典了然于心，熟能成诵，孔子、孟子、老子、庄子等伟大的先贤就与你的生命相伴了。有圣贤藏于心，笃于行，德必向善，学必精进，功自然成。潜心于传统文化，我们就会发现其蕴含的无法穷尽的智慧，并从中领略到恒久的治世之道与管理之智，体悟到超脱的人生哲学与立身之术。

中国人民在历经站起来、富起来的历史进步后，将迈入建设中国特色社会主义现代化强国"强起来"的新时代。历史悠久、光辉灿烂的中华传统文化，是一座人类文明的巨大宝库。系统地了解、认识中华文化精华，更好地继承中华民族优秀文化传统，激发民族自豪感，增强民族凝聚力，大力弘扬爱国主义精神，是我们应当担负起来的神圣的历史责任。

为了让更多读者从传统文化中受益，我们特别邀请了中央电视台"百家讲坛"著名主讲纪连海主编了这套"名家谈国学经典"丛书。

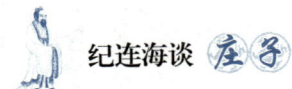

　　"名家谈国学经典"系列将分辑出版,这次出版的是第一辑,分别是《纪连海谈论语》《纪连海谈道德经》《纪连海谈黄帝内经》《纪连海谈孙子兵法》《纪连海谈三十六计》《纪连海谈孟子》《纪连海谈庄子》。这些经典著作高度浓缩了中华五千年文明的精华,包含了中华民族生存的大思想、大智慧。

　　丛书富有知识性、哲理性和可读性,尽量把艰难晦涩的传统文化予以通俗化、现实化的演绎,以古今中外的精彩案例解析深刻的文化内涵,让传统文化焕发出历久弥新的时代风采。丛书秉承了纪连海一贯的幽默活泼、接地气的语言风格,使读者在轻松愉悦和饶有趣味的阅读中,收获满满的人生感悟。

　　丛书瑕疵难免,错漏之处敬请读者批评指正。

庄子（约前369—前286），名周，字子休（一说子沐），战国时代宋国蒙（今河南商丘市东北）人。曾做过宋国地方的漆园吏，与梁惠王、齐宣王同时期人。家贫，曾借粟于监河侯（官名），拒绝了楚威王的厚币礼聘。

庄子是中国古代著名思想家、哲学家、文学家，是道家学派的代表人物，老子哲学思想的继承者和发展者，先秦庄子学派的创始人。他的学说涵盖着当时社会生活的方方面面，但根本精神还是归依于老子的哲学。后世将他与老子并称为"老庄"，称他们的哲学为"老庄哲学"。后世道教继承道家学说，经魏晋南北朝的演变，老庄学说成为道家思想的核心内容，庄子其人也被神化，并奉为神灵。《庄子》在唐代正式成为道家的经典之一，《庄子》和《周易》《老子》并称"三玄"。唐玄宗天宝元年（724年）二月，封庄子为"南华真人"，其著作《庄子》诏称《南华真经》。宋徽宗时，庄子又被封为"微妙元通真君"。

《汉书艺文志》著录《庄子》有五十二篇，后来留下来的只有三十三篇，乃由战国中晚期逐步流传、杂糅、附益，至西汉大致成形，然而当时流传版本今已失传。目前所传三十三篇，经西晋玄学家郭象整理，篇目章节与汉代亦有不同。现存《庄子》分"内篇""外篇""杂篇"三个部分，一般认为"内篇"的七篇文字是庄子所写，"外篇"的十五篇是庄子的弟子们所写，或者说是庄子与他的弟子及门人一起合作写成的，它反映的是庄子真实的思想；"杂篇"十一篇的情形要复杂些，应当是庄子学派或者后来的学者所写，有人认为有些篇幅肯定不是庄子学派所有的思想，如《盗跖》《说剑》等。

《庄子》一书，文章汪洋恣肆，想象力很强，文笔变化多端，具有浓厚的浪漫主义色彩，多采用寓言故事形式，富有幽默讽刺的意味。它的出现，标志着在战国时代，我国的哲学思想和文学语言，已经发展到非常玄远、高深的水平，是我国古代典籍中的瑰宝。庄子不但是我国哲学史上一位著名的思想家，同时也是我国文学史上一位杰出的文学家，无论在哲学思想方面，还是文学语言方面，他都给予我国历代的思想家和文学家以深刻而巨大的影响。在思想、文学风格、文章体制、写作技巧上受《庄子》影响的人很多，以一流作家而论，就有阮籍、陶渊明、李白、苏轼、辛弃疾、曹雪芹等，由此可见其影响之大。鲁迅先生曾说他的作品"汪洋辟阖，仪态万方，晚周诸子之作，莫能先也"。

庄子的文章结构很奇特，看起来并不严密，常常突兀而来，行所欲行，止所欲止，汪洋恣肆，变化多端，有时似乎不相关，任意跳荡起落，但思想却能一线贯穿。句式也富于变化，或顺或倒，或长或短，加之词汇丰富，描写细致，又常常不规则地押韵，显得极富表现力，极有独创性。

庄子的思想包含着朴素辩证法因素，认为一切事物都在变化，他认为"道"是"先天生地"的，从"道未始有封"（即"道"是无界限差别的）。主张"无为"，放弃生活中的一切争斗。又认为一切事物都是相对的，因此他否定知识，否定一切事物的本质区别，极力否定现实，幻想一种"天地与我并生，万物与我为一"的主观精神境界，安时处顺，逍遥自得，倒向了相对主义和宿命论。

庄子在中国哲学史上，既是一位有着鲜明特色的伟大哲学家，又富有诗人的气质。在他的著作中，多用生动形象而幽默诡异的寓言故事来阐述自己的思想，这种寓言的方式使庄子的思想和想象具有流水一般的整体性。

庄子继承发扬了老子和道家的思想，形成了自己的哲学思想体系和独特的学风文风。他认为"道"是客观真实的存在，把"道"视为宇宙万物的本源，讲天道自然无为。在政治上主张无为而治，在人类生存方式上主张返璞归真。他把提倡仁义和是非看作是加在人身上的刑罚，对当时统治者的"仁义"和"法治"进行抨击，他对世俗社会的礼、法、权、势进行了尖锐的批判，提出了"圣人不死，大盗不止""窃钩者诛，窃国者为诸侯"的精辟见解。在人类生存方式上，他崇尚自然，提倡"天地与我并生，万物与我为一"的精神境界，并且认为人生的最高境界是逍遥自得，是绝对的精神自由，而不是物质

享受与虚伪的名誉。

庄子看来,真正的生活是自然而然的,因此不需要去教导什么,规定什么,而是要去掉什么,忘掉什么,忘掉成心、机心、分别心。人活在世上,犹如"游于羿之彀中",到处充满危险,所以庄子不愿去做官,因为他认为伴君如伴虎,只能"顺"。"逍遥"的境界是庄子哲学中另一个重要概念,这是个体精神解放的境界,即无矛盾地生存于世界之中。庄子并不否认矛盾,只是强调主观上对矛盾的摆脱。

庄子认为,一般人很虚伪,"人心险于山川,难于知天。天犹有春秋冬夏旦暮之期,人者厚貌深情"。他批评儒家"以仁义撄人之心",这样会导致"天下脊脊大乱"。而君主的专制统治和对知识的爱好,只会使人心更加败坏,"民之于利甚勤,子有杀父,臣有杀君,正昼为盗,日中穴阫"。

可以说,庄子的这些思想和主张,对后世影响深远,是人类思想史上一笔宝贵的精神财富。无怪乎金圣叹认定《庄子》为"天下奇书",也无怪李白都要吟诗高叹:"万古高风一子休,南华妙道几时修。谁能造入公墙里,如上江边望月楼。"

目录

逍遥游 1

齐物论 22

养生主 66

人间世 76

德充符 111

大宗师 132

应帝王 163

逍遥游

原文

　　北冥①有鱼，其名为鲲②。鲲之大，不知其几千里也；化而为鸟，其名为鹏③。鹏之背，不知其几千里也。怒④而飞，其翼若垂天之云⑤。是鸟也，海运则将徙于南冥⑥。南冥者，天池也⑦。《齐谐》⑧者，志怪者也⑨。《谐》之言曰："鹏之徙于南冥也，水击⑩三千里，抟扶摇⑪而上者九万里，去以六月息者也⑫。"野马也⑬，尘埃⑭也，生物之以息相吹也⑮。天之苍苍，其正色邪？其远而无所至极⑯邪？其视下也，亦若是则已矣。且夫水之积也不厚，则其负大舟也无力。覆杯水于坳堂之上⑰，则芥⑱为之舟；置杯焉则胶，水浅而舟大也。风之积也不厚，则其负大翼也无力，故九万里则风斯⑲在下矣。而后乃今培风⑳，背负青天而莫之夭阏㉑者，而后乃今将图南。蜩与学鸠笑之曰㉒："我决㉓起而飞，抢榆枋㉔而止，时则不至，而控㉕于地而已矣；奚以之九万里而南为㉖？"适莽苍者㉗，三飡而反㉘，腹犹果然㉙；适百里者，宿㉚舂粮；适千里者，三月聚粮。之二虫又何知㉛？小知不及大知㉜，小年不及大年。奚以知其然也？朝菌不知晦朔㉝，蟪蛄㉞不知春秋，此小年也。楚之南有冥灵㉟者，以五百岁为春，五百岁为秋；

上古有大椿㊱者,以八千岁为春,八千岁为秋㊲。而彭祖乃今以久特闻㊳,众人匹之㊴,不亦悲乎?

汤之问棘也是已㊵:"穷发㊶之北有冥海者,天池也。有鱼焉,其广数千里,未有知其修㊷者,其名曰鲲。有鸟焉,其名为鹏,背若太山㊸,翼若垂天之云;抟扶摇、羊角㊹而上者九万里,绝㊺云气,负青天,然后图南,且适南冥也。斥鴳㊻笑之曰:'彼且奚适也?我腾跃而上,不过数仞㊼而下,翱翔蓬蒿之间,此亦飞之至㊽也。而彼且奚适也?'"此小大之辩㊾也。

故夫知效一官㊿,行比一乡㈤¹,德合一君而徵一国者㈤²,其自视也,亦若此矣。而宋荣子犹然笑之㈤³。且举世而誉之而不加劝㈤⁴,举世而非之而不加沮㈤⁵,定乎内外之分㈤⁶,辩乎荣辱之境㈤⁷,斯已矣。彼其于世,未数数然㈤⁸也。虽然,犹有未树也。夫列子御风而行㈤⁹,泠然㈥⁰善也,旬有五日而后反㈥¹;彼于致㈥²福者,未数数然也。此虽免乎行,犹有所待㈥³者也。若夫乘天地之正㈥⁴,而御六气之辩㈥⁵,以游无穷者,彼且恶㈥⁶乎待哉?故曰:至人无己,神人无功,圣人无名。

注释

①冥:亦作"溟",海之意。"北冥",就是北方的大海。

②鲲(kūn):本指鱼卵,这里借表大鱼之名。

③鹏:本为古"凤"字,这里用表大鸟之名。

④怒:奋起。

⑤垂：边远；这个意义后写作"陲"。

⑥海运：海水运动，这里指汹涌的海涛。徙：迁移。

⑦天池：天然的大池。

⑧齐谐：书名。

⑨志：记载。

⑩击：拍打，这里指鹏鸟奋飞而起双翼拍打水面。

⑪抟（tuán）：环绕而上。扶摇：又名叫飙，由地面急剧盘旋而上的暴风。

⑫去：离，这里指离开北海。

⑬野马：春天林泽中的雾气。雾气浮动状如奔马，故名"野马"。

⑭尘埃：扬在空中的土叫"尘"，细碎的尘粒叫"埃"。

⑮生物：概指各种有生命的东西。

⑯极：尽。

⑰覆：倾倒。坳（ào）：坑凹处，"坳堂"指厅堂地面上的坑凹处。

⑱芥：小草。

⑲斯：则，就。

⑳而后乃今：意思是这之后方才。培：通"凭"，凭借。

㉑莫：这里作没有什么力量讲。夭阏（è）：又写作"夭遏"，意思是遏阻、阻拦。

㉒蜩（tiáo）：蝉。学鸠：一种小灰雀，这里泛指小鸟。

纪连海谈

㉓决:通"翅",迅疾的样子。

㉔抢(qiāng):突过。榆枋:两种树名。

㉕控:投下,落下来。

㉖奚以:何以。之:去到。为:句末疑问语气词。

㉗适:往,去到。莽苍:指迷茫看不真切的郊野。

㉘飡(cān):同"餐"。反:返回。

㉙犹:还。果然:饱的样子。

㉚宿:这里指一夜。

㉛之:这。二虫:指上述的蜩与学鸠。

㉜知(zhì):通"智",智慧。

㉝朝:清晨。晦朔:一个月的最后一天和最初天。

㉞蟪蛄(huìgū):即寒蝉,春生复死或复生秋死。

㉟冥灵:传说中的大龟。

㊱大椿:传说中的古树名。

㊲根据前后用语结构的特点,此句之下当有"此大年也"一句。

㊳乃今:而今。以:凭。特:独。闻:闻名于世。

㊴匹:配,比。

㊵汤:商汤。棘:汤时的贤大夫。已:矣。

㊶穷发:不长草木的地方。

㊷修:长。

㊸太山:泰山。

㊹羊角：旋风，回旋向上如羊角状。

㊺绝：穿过。

㊻斥鴳（yàn）：一种小鸟。

㊼仞：古代长度单位。

㊽至：极点。

㊾辩：通“辨”，辨别、区分的意思。

㊿效：功效；这里含有胜任的意思。官：官职。

(51)行（xìng）：品行。比：比并。

(52)而：通“能”，能力。徵：取信。

(53)宋荣子：一名宋钘，宋国人，战国时期的思想家。犹然：讥笑的样子。

(54)举：全。劝：劝勉，努力。

(55)非：责难，批评。沮（jǔ）：沮丧。

(56)内外：这里分别指自身和身外之物。

(57)境：界限。

(58)数数（shuò）然：急急忙忙的样子。

(59)列子：郑国人，名叫列御寇，战国时代思想家。御：驾驭。

(60)泠（líng）然：轻盈美好的样子。

(61)旬：十天。有：又。

(62)致：罗致，这里有寻求的意思。

(63)待：凭借，依靠。

㉔乘：遵循，凭借。正：本；这里指自然的本性。

㉕御：含有因循、顺着的意思。辩：通作"变"，变化的意思。

㉖恶（wū）：何，什么。

纪老师说

2016年上映了一部动画电影叫《大鱼海棠》，可以说是代表了中国动画电影的新高度。里面一开始就用了《庄子》中的开篇"北冥有鱼，其名为鲲……"

这说明什么呢？首先说明当代文学、电影作品中，很多是以《庄子》为文化根脉的，很多是从里面寻找素材进行创作的，也说明《庄子》里面有着令人心动的奇思妙想和鲜活奇异的寓言故事，那都是创作灵感的源泉和宝藏。总之，于后人，《庄子》这部大书，在诸多方面都产生了并继续产生着重大影响。

文章说，北方的大海里有一条鱼，它的名字叫作鲲。鲲的体积，真不知道大到几千里；变化成为鸟，它的名字就叫作鹏，而这个鹏的脊背呢，真不知道长到几千里；当它奋起而飞的时候，那展开的双翅就像天边的云。闭上眼睛想一想，这到底得有多大呢？我国第一艘航母"辽宁"号够大了吧？我们看看辽宁舰的大小——主尺寸：舰长304米、水线281米；舰宽70.5米、吃水10.5米；从龙骨底部算起，到主桅杆顶端，总高度超过60米；飞行甲板：长300米、宽70米；机库：长152米、宽26米、高7.2米；排水量：57000吨（标准），67500

吨（满载）。嗯，的确够大啦！可在这只鸟面前，简直是如同蝼蚁！这只鹏鸟，随着海上汹涌的波涛迁徙到南方的大海。南方的大海是个天然的大池。有一本叫作《齐谐》的书，是专门记载怪异事情的，这本书上记载说："鹏鸟迁徙到南方的大海，翅膀拍击水面激起三千里的波涛，海面上急骤的狂风盘旋而上直冲九万里高空，离开北方的大海用了六个月的时间方才停歇下来"。春日林泽原野上蒸腾浮动犹如奔马的雾气，低空里沸沸扬扬的尘埃，都是大自然里各种生物的气息吹拂所致。天空是那么湛蓝，难道这就是它真正的颜色吗？抑或是高旷辽远没法看到它的尽头呢？鹏鸟在高空往下看，不过也就像这个样子罢了。这样的大鸟，飞六个月才能到南海，由此推断，这个世界得有多大啊？在这样的叙述里，我们可以反观人类了——轻如微尘，微不足道矣！这足以看出古人对天地、上苍的敬畏。

庄子认为，鹏鸟无论有多大的雄心壮志，都需要有所依托，有所依凭。

寒蝉与小灰雀也开始讥笑鹏鸟，说吃饱喝饱算完，跑那么远有什么意思呢？

清晨生出的菌类不会懂得什么是一天一月，夏生秋死的蝉也不会懂得什么是四季轮回。在楚国南边有叫冥灵的大龟，它把五百年当作春，把五百年当作秋；上古有叫大椿的古树，它把八千年当作春，把八千年当作秋，这就是长寿。可是彭祖到如今还是以年寿长久而闻名于世，人们与他攀比，岂不可悲可叹吗？那么，彭祖是什么人？宋初乐史《太平寰宇记》记载，殷之贤臣彭祖，颛顼之玄孙，至殷末，寿七百六十七岁，今墓犹存。你看吧，人家活了七百六十七岁！一个活了七百六十七岁人，和一个只能活六十七岁的人或者活得更短的人相比，境界能相同吗？经历能一样吗？抱负能相提并论吗？读到这里，我们感觉出了，老庄说话很大气，动辄脊背长几千里，又动辄活几千岁，世间哪里有那回事啊？可是仔细琢磨琢磨，这夸张法倒也形象至极，人家说的就是这个理。这样讲道理，人们爱听，也听得懂，可板着面孔讲道理，令人生厌，还不容易理解。这一点，我们都有切身体会吧？就像一个爱讲故事、举例子的老师和一个生搬硬套、照本宣科的老师一样，我们自然更喜欢前者。

商汤询问棘说，北方大海有一种鱼，脊背有好几千里，没有人能够知道它有多长，它的名字叫作鲲。有一种鸟，叫鹏，脊背像座大山，展开双翅就像天边的云。鹏鸟奋起而飞，翅膀拍击急速旋转向上的气流直冲九万里高空，穿过云气，背负青天，这才向南飞去，打算飞到南方的大海。斥𫛞讥笑它说，我都飞不高，飞高了有什么意思？其实这就是小与大的不同了。

庄子着重写大小有别，反复渲染大小悬殊，说明境界的差异。相比于鲲鹏，小小的蝉和斑鸠之类，只满足于活动在自己的小天地里，却讥笑鹏鸟远徙南海的举动，其愚昧和近视一览无余，反衬出大小境界不同的巨大差异。又以蝉之命短，论彭祖之长寿，以斑鸠和蝉的见识猜度鲲鹏的境界，让人在悬殊对视中，幡然领悟到大小之别。

下文由自然领域移到人事范围，以自然无为之道为衡量标准，从名教社会中人物讲起，逐次引出道家所主张的至人、神人、圣人的高境。

那些才智足以胜任一个官职，品行合乎一乡人心愿，道德能使国君感到满意，能力足以取信一国之人的人，他们看待自己也像这样。而宋荣子却讥笑他们，因为宋荣子他对于整个社会，从来不急急忙忙地去追求什么。虽然如此，他还是未能达到最高的境界，修养还不到家。

因此说，道德修养高尚的"至人"能够达到忘我的境界，精神世界完全超脱物外的"神人"心目中没有功名和事业，思想修养臻于完美的"圣人"从不去追求名誉和地位。

文章意在说明"小知不及大知"的道理，也就是说见识短浅的人，囿于一得之见，是不足以了解高深的东西的。庄子看到，世俗人物局促于有为之界，往往不能了解道家所讲的自然无为的高境，甚至加以嗤笑，实际上不过表现了嗤笑者的短识和无知。所以先用这一段文字对短识小智进行批判，为谈自然无为的高境扫清道路。从对比许多不能"逍遥"的例子说明，要真正达到自由自在的境界，必须"无己""无功""无名"。无己，指的是忘掉自我的偏见，无功指的是不追求建功立业，无名说的是不求名声流传于世。其实，想一想看，庄子所说的这三者，都是我们难以企及的人生境界，因为人总是不由自主地迎合世俗观念，为自己设定重重目标和种种界限。在庄子看

来，只有抛开任何外在条件，才有可能实现真正的自由。虽然对芸芸众生来说，要达到这种境界十分困难，但人至少可以尝试着摆脱世俗观念的束缚，将心思从对功名利禄的苛求中解脱出来，重新审视自己的生活，找寻真我，获得通达恬淡的内心。心通达了，人生也就开阔了；心恬淡了，烦恼就减少了。

原文

尧让天下于许由①，曰："日月出矣，而爝火②不息；其于光也，不亦难乎？时雨③降矣，而犹浸灌④；其于泽⑤也，不亦劳⑥乎？夫子立⑦而天下治，而我犹尸⑧之；吾自视缺然⑨，请致⑩天下。"许由曰："子⑪治天下，天下既已治也；而我犹代子，吾将为名乎？名者，实之宾⑫也；吾将为宾乎？鹪鹩⑬巢于深林，不过一枝；偃鼠⑭饮河，不过满腹。归休⑮乎君，予无所用天下为⑯！庖人⑰虽不治庖，尸祝不越樽俎而代之矣⑱！"

肩吾问于连叔曰⑲："吾闻言于接舆⑳，大而无当㉑，往而不反㉒。吾惊怖其言。犹河汉而无极也㉓；大有迳庭㉔，不近人情焉。"连叔曰："其言谓何哉？"曰："藐姑射之山㉕，有神人居焉。肌肤若冰雪，淖约若处子㉖，不食五谷，吸风饮露，乘云气，御飞龙，而游乎四海之外；其神凝㉗，使物不疵疠㉘而年谷熟。吾以是狂而不信也㉙。"连叔曰："然。瞽者无以与乎文章之观㉚，聋者无以与乎钟鼓之声。岂唯形骸有聋盲哉？夫知亦有之！是其言也犹时女也㉛。之人也，之德也，将旁礴㉜万物以为一，世蕲乎乱㉝，孰弊弊焉㉞以天下为

事！之人也，物莫之伤：大浸稽天而不溺㉟，大旱金石流，土山焦而不热。是其尘垢秕糠㊱将犹陶铸尧舜者也，孰肯以物为事？"

注释

①尧：我国历史上传说时代的圣明君主。许由：古代传说中的高士，字仲武，隐于箕山。

②爝（jué）火：炬火，木材上蘸上油脂燃起的火把。

③时雨：按时令季节及时降下的雨。

④浸灌：灌溉。

⑤泽：润泽。

⑥劳：这里含有徒劳的意思。

⑦立：位，在位。

⑧尸：庙中的神主，这里用其空居其位，虚有其名之义。

⑨缺然：不足的样子。

⑩致：给予。

⑪子：对人的尊称。

⑫宾：次要的、派生的东西。

⑬鹪鹩（jiāoliáo）：一种善于筑巢的小鸟。

⑭偃鼠：鼹鼠。

⑮休：止，这里是算了的意思。

⑯为：句末疑问语气词。

⑰庖人：厨师。

⑱尸祝：祭祀时主持祭祀的人。樽：酒器。俎：盛肉的器皿。

⑲肩吾、连叔：庄子虚构的人物。

⑳接舆：楚国的隐士，姓陆名通，接舆为字。

㉑当（dàng）：底，边际。

㉒反：返。

㉓河汉：银河。极：边际，尽头。

㉔迳：门外的小路。庭：堂外之地。"迳庭"连用，这里喻指差异很大。

㉕藐（miǎo）：遥远的样子。姑射（yè）：传说中的山名。

㉖淖（chuò）约：柔弱、美好的样子。处子：处女。

㉗凝：指神情专一。

㉘疵疠（lì）：疾病。

㉙以：认为。狂：通"诳"，虚妄之言。信：真实可靠。

㉚瞽（gǔ）：盲。文章：花纹、色彩。

㉛时：是。女：汝，你。

㉜旁礴：混同的样子。

㉝蕲（qí）：祈；求的意思。乱：这里作"治"讲。

㉞弊弊焉：忙忙碌碌、疲惫不堪的样子。

㉟大浸：大水。稽：至。

㊱秕：瘪谷。穅："糠"字之异体字。

纪老师说

庄子认为,"无己"是摆脱各种束缚和依凭的唯一途径,只要真正做到忘掉自己、忘掉一切,就能达到逍遥的境界,也只有"无己"的人才是精神境界最高的人。

尧打算把天下让给许由,许由回答说,我是为了名声吗?你还是打消念头回去吧,天下对于我来说没有什么用处啊!厨师即使不下厨,祭祀主持人也不会越俎代庖的!

你看,我们读到这里,可以发现庄子是多么善于举例子、打比方来说明道理的人啊。这样的好处,是让艰涩的道理变得生动、明白、好懂起来。文章的主旨虽然是在阐明哲学道理,却绝不只用抽象的概念表述,而是编造寓言故事,生动地形象地说明问题。庄子插入了一系列的精巧比喻,有的浅显,有的神奇,有的夸张,这种比中之比就犹如园中之园,使人涉步成趣,目不暇接,极大地增加了文章的艺术情趣。这样,就把哲学道理讲得意趣盎然,引人入胜。

《庄子》中的许多思想、观点,都是靠着生动的小故事来表达的。其寓言故事,往往以生动幽默和奇幻见长,用各种各样的故事形式来表达思想观点,浅显易懂,容易引起人们的兴趣。比如肩吾向连叔求教,肩吾说,接舆太能吹,我受不了,他说有神人皮肤润白像冰雪,体态柔美如处女,不食五谷,吸清风饮甘露,乘云气驾飞龙,遨游于四海之外。他的神情那么专注,使得世间万物不受病害,年年五谷丰登。我认为这全是虚妄之言，一点也不可信。连叔听后说，那位神人的德行，与万事万物混同一起，以此求得整个天下的治理。那样的人留下的尘埃以及瘪谷糠麸之类的废物，也可造就出尧舜那样的圣贤人君来！

纪连海谈 庄子

原文

宋人资章甫而适诸越，越人断发文身，无所用之。尧治天下之民，平海内之政，往见四子藐姑射之山，汾水之阳，窅然丧其天下焉。

惠子①谓庄子曰："魏王贻我大瓠之种②，我树③之成，而实五石④。以盛水浆，其坚不能自举⑤也。剖之以为瓢，则瓠落⑥无所容。非不呺然⑦大也，吾为其无用而掊之⑧。"庄子曰："夫子固⑨拙于用大矣！宋人有善为不龟⑩手之药者，世世以洴澼絖为事⑪。客闻之，请买其方⑫百金。聚族而谋曰：'我世世为洴澼絖，不过数金；今一朝而鬻⑬技百金，请与之。'客得之，以说⑭吴王。越有难⑮，吴王使之将⑯，冬与越人水战，大败越人，裂⑰地而封之。能不龟手一⑱也，或以封⑲，或不免于洴澼絖，则所用之异也。今子有五石之瓠，何不虑⑳以为大樽，而浮于江湖，而忧其瓠落无所容？则夫子犹有蓬之心也夫㉑！"

惠子谓庄子曰："吾有大树，人谓之樗㉒。其大本拥肿而不中绳墨㉓，其小枝卷曲而不中规矩㉔，立之涂㉕，匠人不顾。今子之言大而无用，众所同去也。"庄子曰："子独不见狸狌㉖乎？卑㉗身而伏，以候敖㉘者；东西跳梁㉙，不辟㉚高下；中于机辟㉛，死于罔罟㉜。今夫斄牛㉝，其大若垂天之云。此能为大矣，而不能执鼠。今子有大树，患其无用，何不树之于无何有之乡㉞，广莫㉟之野，彷徨㊱乎无为其侧，逍遥乎寝卧其下。不夭斤斧㊲，物无害者，无所可用，安所困苦哉！"

注释

①惠子：宋国人，姓惠名施，做过梁惠王的相。

②魏王：即梁惠王。贻（yí）：赠送。瓠（hú）：葫芦。

③树：种植、培育。

④实：结的葫芦。石（dàn）：容量单位，十斗为一石。

⑤举：拿起来。

⑥瓠落：又写作"廓落"，很大很大的样子。

⑦呺（xiāo）然：庞大而又中空的样子。

⑧为（wèi）：因为。掊（pǒu）：砸破。

⑨固：实在，确实。

⑩龟（jūn）：通"皲"，皮肤受冻开裂。

⑪洴（píng）：浮。澼（pí）：在水中漂洗。絖（kuàng）：丝絮。

⑫方：药方。

⑬鬻（yù）：卖，出售。

⑭说（shuì）：劝说，游说。

⑮难：发难，这里指越国对吴国有军事行动。

⑯将（jiàng）：统帅部队。

⑰裂：划分出。

⑱一：同一，一样的。

⑲或：无定代词，这里指有的人。以：凭借。

⑳虑：考虑。

㉑蓬：草名，其状弯曲不直。"有蓬之心"喻指见识浅薄不能通晓大道理。

㉒樗（chū）：一种高大的落叶乔木，但木质粗劣不可用。

㉓大本：树干粗大。拥（臃）肿：今写作"臃肿"。中（zhòng）：符合。绳墨：木工用以求直的墨线。

㉔规矩：即圆规和角尺。

㉕涂：通"途"，道路。

㉖狸（lí）：野猫。狌（shēng）：黄鼠狼。

㉗卑：低。

㉘敖：通"遨"，遨游。

㉙跳梁：跳踉，跳跃、窜越的意思。

㉚辟：避开。

㉛机辟：捕兽的机关陷阱。

㉜罔：网。罟（gǔ）：网的总称。

㉝ 犛（lí）牛：牦牛。

㉞ 无何有之乡：指什么也没有生长的地方。

㉟ 莫：大。

㊱ 仿徨：徘徊，纵放。

㊲ 夭：夭折。斤：伐木之斧。

纪老师说 ●●●

　　北方的宋国有人贩卖帽子到南方的越国，越国人不蓄头发满身刺着花纹，没什么地方用得着帽子。尧治理好天下的百姓，安定了海内的政局，到姑射山上、汾水北面，去拜见四位得道的高士，不禁怅然若失，忘记了自己居于治理天下的地位。

　　惠子嘲笑庄子说："魏王送我大葫芦种子，我将它培植起来后，结出的果实有五石容积。用大葫芦去盛水浆，可是它的坚固程度承受不了水的压力。把它剖开做瓢也太大了，没有什么地方可以放得下。这个葫芦不是不大呀，我因为它没有什么用处而砸烂了它。"庄子说："先生实在是不善于使用大东西啊！宋国有一善于调制不龟手药物的人家，世世代代以漂洗丝絮为职业。有个游客听说了这件事，愿意用百金的高价收买他的药方。全家人聚集在一起商量：'我们世世代代在河水里漂洗丝絮，所得不过数金，如今一下子就可卖得百金。还是把药方卖给他吧。'游客得到药方，来游说吴王。正巧越国发难，吴王派他统率部队，冬天跟越军在水上交

战，大败越军，吴王划割土地封赏他。能使手不皲裂，药方是同样的，有的人用它来获得封赏，有的人却只能靠它在水中漂洗丝絮，这是使用的方法不同。如今你有五石容积的大葫芦，怎么不考虑用它来制成腰舟，而浮游于江湖之上，却担忧葫芦太大无处可容？看来先生你还是心窍不通啊！"

惠子又对庄子说："我有棵大树它叫'樗'。树干疙里疙瘩，不符合绳墨取直的要求，树枝弯弯扭扭，不适合圆规和角尺取材的需要。虽然生长在道路旁，木匠连看也不看。现今你的言谈，大而无用，大家都会鄙弃它的。"庄子说："野猫和黄鼠狼跳来跳去，不曾想到落入猎人设下的机关，死于猎网之中。那牦牛庞大的身体就像天边的云，本事可大了，不过不能捕捉老鼠。你有这么大一棵树，把它栽种在什么也没有生长的地方，栽种在无边无际的旷野里。不会遭到刀斧砍伐，也没有什么东西会去伤害它，哪里又会有什么困苦呢？"

庄子以为，不要以己意为核心，求外物之适应，而要顺应外物之自然，以外物之用而为用。瓠太大了，不可盛物或剖为瓢，可以顺其性用作腰舟以浮于江湖。樗臃肿蜷曲不成材，也可以顺其性植于遥远之地，而逍遥无为乎其下。因其无用，为人所弃，反而不遭有为戕害，得以顺其天性，无所困苦，全其大用。自然间的万物皆有其本性，有用无用乃是人离开自然大道后，因为自己偏见好恶所产生的概念，自然会有所偏颇，若使其心志顺应自然的规律，那么有用无用又有何差别？此即所谓"忘物"的功夫。

　　庄子论述什么是真正的有用和无用，说明不能为物所滞，要把无用当作有用，进一步表达了反对积极投身社会活动，志在不受任何拘束，追求优游自得的生活旨趣。

齐物论

原文

南郭子綦隐机而坐①,仰天而嘘②,荅③焉似丧其耦。颜成子游④立侍乎前,曰:"何居⑤乎?形固⑥可使如槁木,而心固可使如死灰乎⑦?今之隐机者⑧,非昔之隐机者也。"子綦曰:"偃⑨,不亦善乎,而⑩问之也?今者吾丧我,汝知之乎?女闻人籁⑪,而未闻地籁,女闻地籁而未闻天籁夫!"子游曰:"敢问其方⑫。"子綦曰:"夫大块噫气⑬,其名为风,是唯无作⑭,作则万窍怒呺⑮,而独不闻之翏翏⑯乎?山林之畏佳⑰,大木百围之窍穴,似鼻,似口,似耳,似枅⑱,似圈,似臼,似洼者,似污⑲者。激⑳者,謞㉑者,叱者,吸者,叫者,譹㉒者,宎㉓者,咬㉔者,前者唱于而随者唱喁㉕。泠㉖风则小和,飘风则大和,厉风济则众窍为虚㉗。而独不见之调调之刁刁乎㉘?"子游曰:"地籁则众窍是已㉙,人籁则比竹是已㉚,敢问天籁。"子綦曰:"夫吹万不同㉛,而使其自己㉜也,咸㉝其自取,怒㉞者其谁邪?"

注释

①南郭子綦(qí):楚人,居住南郭,故名南郭子綦。隐:凭倚。

机：亦作几，案几。

②嘘：吐气。

③荅（tà）焉：亦作"嗒焉"，离形去智的样子。

④颜成子游：子綦的学生，姓颜名偃，子游为字，死后谥成，故名颜成子游。

⑤居（jī）：表疑问的语气词。

⑥固：诚然。槁：干枯。

⑦心：思想，精神。固：岂，难道。

⑧"今之隐机者"即南郭子綦。

⑨偃：见注④。

⑩而：你，人称代词。

⑪籁（lài）：箫，古代的一种管状乐器。

⑫敢：表示谦敬的副词。方：道术，指所言"地籁""天籁"的真实含意。

⑬大块：大地。噫（yī）气：吐气。

⑭是：此，这里指风。唯：句中语气词，含有仅此的意思。作：兴起。

⑮窍：孔穴。呺（háo）：亦作"号"，吼叫。

⑯翏翏（liú）：亦作飂飂，大风呼呼的声响。

⑰林：通"陵"，大山。畏佳（cuī）：亦作"崔佳"，即嵬崔，山陵高峻的样子。

⑱枅（jī）：柱头横木。

⑲污：停滞不流的水塘。

⑳激：水流湍急的声音。

㉑謞（xiào）：这里用来形容箭头飞去的声响。

㉒譹（háo）：号哭声。

㉓宎（yǎo）：深而沉。

㉔咬（jiāo）：鸟鸣叫的声音。

㉕于、喁（yú）：风吹树动前后相和的声音。

㉖泠（líng）风：小风，清风。

㉗厉风：迅猛的暴风。济：止。

㉘调调、刁刁：风吹草木晃动摇曳的样子。

㉙是：这样。已：矣。

㉚比：并合。竹：这里指并合在一起可以发出声响的、不同形状的竹管。

㉛这句及以下是表述"天籁"的。

㉜使其自己：意思是使它们自身发出各种各样的声音。

㉝咸：全。

㉞怒：这里是发动的意思。

纪老师说

1983年，杨绛先生写了一则名为《孟婆茶》的散文，记述她做过的一场梦。梦中，她随逝去的人们坐上一列露天火车，在云海里驰往西天，列车上对号入座，她自己拿着一张模糊的号码牌前后找去：教师座，满了，没她的位子；作家座，也满了，没她的位子；翻译者的座，依然没有她的位子……2016年春末，杨绛真的上了这趟露天火车，从"人生边上"驶了出去。说她是学者、作家、翻译家、知识分子、文化老人，好像她都是，但又不那么"是"。杨绛本人曾经说过：这个人世，恰好是锻炼人的处所，经过锻炼才能炼出纯正的品色来。

当下，说老话的人越来越少，读书人的"天真"越来越少，从生活处锻炼而来的结实的教益越来越少。还有几个人能真正做到杨绛所说的"我和谁都不争，和谁争我都不屑"呢？

还是来看看庄子笔下的态度吧：

几千年前，中国人一直在使用茶几这玩意儿，没有什么高凳，人坐到席子上就开始或喝茶，或吃饭，或谈经论道。南郭子綦应该是个得道之人，有一天，他在茶几前，但只见茶几不见人。大家知道，茶几一般都比较低矮，茶几把他都隐藏了，可见，南郭之綦不是坐着，也许是躺着，至少是半躺，脸朝着天，口中还嘘着气，那样子软绵绵的，毫无生气，就像丢了魂似的。南郭子綦的那个样子很容易让初学道之人理解为没有"威仪"，殊不知修道用心即是不关形体的。不少人闻道未有几日，便抛妻弃子，出家修行，自以为只有如此方显虔诚，又怎知，如能抛开杂念，哪里不是清净的处所？

纪连海谈 庄子

    弟子颜成子游发现老师今天怪怪的，就说，怎么会是这个样子？难道人的外形真的可以像枯死的树枝？而人的心可以像一摊死灰？人心不动，没有一点生气，这可能吗？老师过去也有过在茶几边一歪的形象，但今天和过去实在是不一样。这是为什么呢？南郭子綦听了颜成子游的提问后说，你提出的问题很好。今天的我为什么和过去的我不一样呢？是因为我今天进到一种忘我的境界了，我不知"我"是谁了。你懂不懂呢？

    然后，庄子提出了三个概念：人籁、地籁、天籁。籁，就是指声响。人籁比较容易理解，南郭子綦刚才的嘘气就是，打嗝、唱歌、肚子咕咕叫都是。但什么是地籁和天籁呢，颜成子游就不懂了。庄子解释说，一个大块头，不发作也就算了，它一发作，每一个凹下去的地方都似乎在怒号。难道你没有听到过那令人不寒而栗的飓风的响声吗？山林、巨木的洞穴，它们呈现出不同的形状，发出各种不同的声音。大风来了它们就大声地随和，小风来了，它们就小声地随和。有时候，飓风突然停止，一切洞穴刚才还满满的，一下子好像都空了，什么也没有了。你没有见到过大风过后，树叶微摇的那幅宁静的情景吗？

    颜成子游这个学生还是很有点悟性的，他听老师一讲，就说，我懂了。原来地籁就是地球发出的各种声音，人籁就是吹笛子等人发出的各种声音。那么什么是天籁呢？子綦说："天籁虽然有万般不同，但使它们发生和停息的都是出于自身，发动者还有谁呢？"

庄子认为，人籁中蕴含着人的情绪，地籁和天籁皆发乎自然。人籁和地籁皆要靠外物鼓动而生，而天籁则不存在鼓动之物，乃自然发出。人一旦进入天籁的状态便会忘记我的存在，以至于形可使如枯木，心可使如死灰。人们可以把人的言语视作人籁，包括人对事物的看法、主张，作为人思想的反映，人籁是有局限的。而人提高自我的过程就是不断突破自我思想局限的过程。当这个突破进行到一定程度，就能达到地籁的层次，超越狭隘的个人喜好，以自然观自然。最后进入天籁之境，自我与自然合二为一，从而做到外忘功名，内忘自己。其实想一想看，我们身边的人，乃至全天下所有的人，还真是很少有人能达到天籁的境界。

但是，按照庄子的说法，如果我们能够朝着这个方向不断推进，我们的心胸的确会越来越开阔，心境也会越来越安宁。

原文

大知闲闲①，小知间间②；大言炎炎③，小言詹詹④。其寐也魂交⑤，其觉也形开⑥；与接为构⑦，日以心斗：缦⑧者，窖⑨者，密⑩者。小恐惴惴⑪，大恐缦缦。其发若机栝⑫，其司是非之谓也⑭；其留如诅盟⑮，其守胜之谓也。其杀⑯若秋冬，以言其日消也；其溺之所为之⑰，不可使复之也；其厌也如缄⑱，以言其老洫⑲也；近死之心，莫使复阳⑳也。喜怒哀乐，虑叹变慹㉑，姚佚启态㉒。乐出虚㉓，蒸成菌㉔。日夜相代㉕乎前，而莫知其所萌㉖。已㉗乎，已乎！旦暮㉘得此，其所由以生乎㉙！

非彼无我㉚，非我无所取㉛。是亦近矣㉜，而不知其所为使㉝。若有真宰㉞，而特不得其眹㉟，可行已信，而不见其形，有情㊱而无形。百骸㊲、九窍㊳、六藏㊴，赅㊵而存焉，吾谁与㊶为亲？汝皆说㊷之乎？其有私㊸焉？如是皆有为臣妾乎？其臣妾不足以相治乎？其递相为君臣乎？其有真君㊹存焉？如求得其情㊺与不得，无益损乎其真。一㊻受其成形，不亡以待尽㊼。与物相刃相靡㊽，其行尽如驰㊾，而莫之能止，不亦悲乎！终身役役而不见其成功㊿，苶然疲役而不知其所归[51]，可不哀邪！人谓之不死，奚益！其形化，其心与之然，可不谓大哀乎？人之生也，固若是芒㊾乎？其我独芒，而人亦有不芒者乎？

夫随其成心㊿而师之，谁独且无师乎？奚必知代而心自取者有之㊿？愚者与有焉。未成乎心而有是非，是今日适越而昔至也㊿。是以无有为有。无有为有，虽有神禹㊿且不能知，吾独且奈何哉！

注释

①闲闲：广博豁达的样子。

②间间（jiàn）："间"是"间"的古体，明察细别的样子。

③炎炎：猛烈；这里借猛火炎燎之势，比喻说话时气焰盛人。

④詹詹：言语琐细，说个没完。

⑤寐：睡眠。魂交：心灵驰躁，神魂交接。

⑥觉：睡醒。形开：身形开朗，目开意悟。

⑦接：接触，这里指与外界环境接触。构：交合的意思。

⑧缦（màn）：通"慢"，疏怠迟缓的意思。

⑨窖：深沉，用心不可捉摸。

⑩密：隐秘、谨严。

⑪惴惴（zhuì）：恐惧不安的样子。

⑫缦缦（màn）：神情沮丧的样子。

⑬机：弩机，弩上的发射部位。栝（guā）：箭杆末端扣弦部位。

⑭司：主。"司是非"犹言主宰是非，意思是"是"与"非"都由此

产生。

⑮留：守住，指留存内心，与上句的"发"相对应。诅盟：誓约。

⑯杀（shài）：肃杀，衰败。

⑰溺：沉湎。"之"疑讲作"于"。

⑱厌（yā）：通"压"，闭塞的意思。缄：绳索，这里是用绳索加以束缚的意思。

⑲洫（xù）：败坏。

⑳复阳：复生，恢复生机。

㉑虑：忧虑。叹：感叹。变：反复。慹（zhé）：同"慴"，恐惧的意思。

㉒佚（yì）：奢华放纵。启：这里指放纵情欲而不知收敛。态：这里是故作姿态的意思。

㉓乐：乐声。虚：中空的情态，用管状乐器中空的特点代指乐器本身。

㉔蒸成菌：在暑热潮湿的条件下蒸腾而生各种菌类。

㉕相代：相互对应地更换与替代。

㉖萌：萌发、产生。

㉗已：止，算了。

㉘旦暮：昼夜，这里表示时间很短。

㉙由：从，自。所由：产生的原由。

㉚彼：就字面上讲指"我"的对立面，也可以理解为非我的大自

然，甚至包括上述各种情态。

㉛取：资证，呈现。

㉜近：彼此接近；引申一步，像前两句话那样的认识和处理，就接近于事物的本质，接近于认识事物的真理。

㉝所为使：为……所驱使。

㉞宰：主宰。"真宰"，真我，即我身的主宰。

㉟特：但，只。眹（zhěn）：端倪、征兆。

㊱情：真，指事实上的存在。

㊲百：概数，言其多，非确指。骸：骨节。

㊳九窍：人体上九个可以向外张开的孔穴，指双眼、双耳、双鼻孔、口、生殖器、肛门。

㊴藏：内脏；这个意义后代写作"臟"，简化成"脏"。心、肺、肝、脾、肾俗称五脏，但也有把左右两肾分别称谓的，这就成了"六脏"。

㊵赅：齐备。

㊶谁与：与谁。

㊷说（yuè）：喜悦，这个意义后代写作"悦"。

㊸私：偏私，偏爱。

㊹真君：对待"我"来说，"真君"即"真我""真心"，对待社会的各种情态说，"真君"就是"真宰"。

㊺情：究竟，真实情况。

㊻一：一旦。

㊼亡：亦作“忘”，忘记。尽：耗竭、消亡。

㊽刃：刀口，这里喻指针锋相对的对立面。靡：倒下，这里是顺应的意思。

㊾驰：迅疾奔跑。

㊿役役：相当于“役于役”。意思是为役使之物所役使。

(51)苶（nié）然：疲倦困顿的样子。

(52)芒：通“茫”，迷昧无知。

(53)成心：业已形成的偏执之见。

(54)代：更改，变化。“知代”意思是懂得变化更替的道理。取：资证、取信的意思。

(55)这句是比喻，说明没有成见就已经出现是非观念。

(56)神禹：神明的夏禹。

纪老师说

人们因为对事物持有不同的评判标准，而互相不服气，互相批评，引发各种争论，甚至猛烈攻击，其实在庄子看来，不管我们怎么争论怎么攻击，可事物还是按照本来的样子存在着，不增不减，不喜不悲。这正如苍央嘉措的那首《见与不见》：你见，或者不见我/我就在那里/不悲不喜；你念，或者不念我/情就在那里/不来不去；你爱，或者不爱我/爱就在那里/不增不减；你跟，或者不跟我/我的手就在你手里/不舍不弃；来我的怀里/或者/让我住进你的心里/默然相爱/寂静欢喜。

而庄子在这一段的文章是这么说的。

才智超群的人广博豁达，只有点小聪明的人则乐于细察、斤斤计较；合于大道的言论就像猛火烈焰一样气焰凌人，拘于智巧的言论则琐细无方、没完没了。他们睡眠时神魂交构，醒来后身形开朗；跟外界交接相应，整日里钩心斗角。有的疏怠迟缓，有的高深莫测，有的辞慎语谨。小的惧怕惴惴不安，大的惊恐失魂落魄。这种种情态日夜更换与替代，却不知道是怎么萌生的。

庄子认为，人一旦秉承天地之气而形成形体，就不能忘掉自身而等待最后的消亡。他们跟外界环境或相互对立、或相互顺应，他们的行动全都像快马奔驰，没有什么力量能使他们止步，这不是很可悲吗！他们终身承受役使却看不到自己的成功，一辈子困顿疲劳却不知道自己的归宿，这能不悲哀吗！人们说这种人不会死亡，这又有什么益处！人的形骸逐渐衰竭，人的精神和感情也跟着一块儿衰竭，这能不算是最大的悲哀吗？人生在世，本来就像这样迷昧无知吗？难道只有我才这么迷昧无知，而世人也有不迷昧无知的吗！

其实在生活中，我们总是自以为是的——我们总是觉得自己是对的，于是，就按照自己的评判标准，沉溺于利益的争斗，消损心智而不自知；或者盲目追求自己不需要的东西，白白浪费了大好时光。正是因为自己的这些成见之心，让我们陷入了蒙昧无知的状态，沦为欲望的奴隶。那些贪官污吏，实则就是被自己错误的金钱观、权力观蒙

蔽了心智，丧失了自我，从而铸就了人生的悲剧。

电视连续剧《人民的名义》中，一个小小的处长居然贪污成性，用两亿多元的赃款筑起墙，铺起床，每隔一段时间就跑去望着那些钱出神。当问他为什么会这样的时候，他的回答是他喜欢钱的味道，可他从来不敢花一分钱，天天在痛苦纠结以及看钱、闻钱的变态快感中生活。这是多么可悲的欲望的奴隶！外在的世界是不断变化的，人一旦丧失了自我，就只能被动地应付外在的变化，无时无刻不承担为外物所奴役的痛苦，身体和心灵都得不到自由。在庄子看来，这些痛苦比死亡都可怕。很多时候，人的劳苦困顿只源于人的一念之误，只要能破除这个"误"字，便可以海阔天空，脱离欲望的奴役，摆脱痛苦的纠缠。

原文

夫言非吹也①。言者有言，其所言者特未定也②。果有言邪？其未尝有言邪？其以为异于鷇音③，亦有辩乎④？其无辩乎？

道恶乎隐而有真伪？言恶乎隐而有是非⑤？道恶乎往而不存？言恶乎存而不可？道隐于小成⑥，言隐于荣华⑦。故有儒墨之是非⑧，以是其所非而非其所是。欲是其所非而非其所是，则莫若以明⑨。

物无非彼，物无非是。自彼则不见，自知则知之⑩。故曰：彼出于是，是亦因彼。彼是，方生之说也⑪。虽然，方生方死，方死方生；方可方不可，方不可方可⑫；因是因非，因非因是⑬。是以圣人不由而照之于天⑭，亦因是⑮也。是亦彼也，彼亦是也。彼亦一是非，此亦一是非⑯。果且有彼是乎哉？果且无彼是乎哉⑰？彼是莫得其偶⑱，谓之道枢⑲。枢始得其环中⑳，以应无穷㉑。是亦一无穷，非亦一无穷也。故曰莫若以明。

以指喻指之非指，不若以非指喻指之非指也㉒；以马喻马之非马㉓，不若以非马喻马之非马也。天地一指也，万物一马也。

可乎可，不可乎不可。道行之而成，物谓之而然㉔。恶乎然？然于然。恶乎不然？不然于不然㉕。恶乎可？可于可。恶乎不可？不可于不可㉖。物固有所然，物固有所可；无物不然，无物不可。故为是举莛与楹㉗、厉与西施㉘、恢恑憰怪㉙，道通为一㉚。其分也㉛，成也㉜；其成也，毁也㉝。凡物无成与毁，复通为一。唯达者知通为一㉞，为是不用而寓诸庸㉟。庸也者，用也㊱；用也者，通也；通也者，得也㊲；适得而几矣㊳。因是已㊴，已而不知其然㊵，谓之道。劳神明为一而不知其同也㊶，谓之朝三㊷。何谓朝三？狙公赋芧曰㊸：“朝三而暮四”。众狙皆怒。曰：“然则朝四而暮三”。众狙皆悦。名实未亏而喜怒为用㊹，亦因是也。是以圣人和之以是非而休乎天钧㊺，是之谓两行㊻。

古之人，其知有所至矣。恶乎至㊼？有以为未始有物者，至矣，尽矣，不可以加矣。其次以为有物矣，而未始有封也㊽。其次以为有封焉，而未始有是非也。是非之彰也，道之所以亏也。道之所以亏，爱之所以成㊾。果且有成与亏乎哉？果且无成与亏乎哉？有成与亏，故昭氏之鼓琴也㊿。无成与亏，故昭氏之不鼓琴也。昭文之鼓琴也，师旷之枝策也(51)，惠子之据梧也(52)，三子之知几乎(53)！皆其盛者也，故载之末年(54)。唯其好之也(55)，以异于彼；其好之也，欲以明之(56)。彼非所明而明之，故以坚白之昧终(57)。而其子又以文之纶终(58)，终身无成。若是而可谓成乎？虽我亦成也(59)。若是而不可谓成乎？物与我无成也。是故滑疑之耀(60)，圣人之所图也(61)。为是不用而寓诸庸，此之谓以明。

注释

①吹：风吹。根据本段大意看，"言"似有所指，不宜看作一般所谓的说话、言谈，而指"辩论"；下句的"言者"则当指善辩的人。辩言之是非出于己见，而风吹出于自然，所以说"言非吹"。

②特：但，只。

③鷇（kòu）又读（gòu）音：刚刚破卵而出的鸟的叫声。

④辩：通"辨"，分辨、区别。

⑤恶（wū）：何，怎么。隐：隐秘，藏匿。

⑥成：成就。"小成"这里指一时的、局部的成功。

⑦荣华：木草之花，这里喻指华丽的辞藻。

⑧儒墨：儒家和墨家，战国时期两个政治和哲学流派。

⑨莫若以明：意思是"不如用其自然加以观察"。

⑩"自知"疑为"自是"之误，与上句之"自彼"互文；若按"自知"讲，语义亦不通达。

⑪方生：并存。

⑫方：始，随即。

⑬因：遵循，依托。

⑭由：自，经过。照：观察。

⑮因：顺着。

⑯一：同一，同样。

⑰果：果真。

⑱偶：对，对立面。

⑲枢：枢要。道枢：大道的关键之处。

⑳环中：环的中心；"得其环中"喻指抓住要害。

㉑应：适应，顺应。穷：尽。

㉒喻：说明。

㉓马：跟上句的"指"一样，同是当时论辩的主要论题。名家公孙龙子就曾作《白马篇》，阐述了"白马非马"的观点。

㉔谓：称谓、称呼。然：这样。

㉕然：对的、正确的。

㉖以上十二句历来认为有错简或脱落现象，句子序列暂取较通行的校勘意见。

㉗莛（tíng）：草茎。楹（yíng）：厅堂前的木柱。

㉘厉：通"疠"，指皮肤溃烂，这里用表丑陋的人。西施：吴王的美姬，古代著名的美人。

㉙恢：宽大。恑（guǐ）：奇变。憰（jué）：诡诈。怪：怪异。

㉚一：浑一，一体。

㉛分：分开、分解。

㉜成：生成、形成。

㉝毁：毁灭，指失去了原有的状态。

㉞达：通达，"达者"这里指通晓事理的人。

㉟为是不用：为了这个缘故不用固执己见；"不用"之后有所省略，即一定把物"分"而"成"的观点，也就是不"齐"的观点。寓：寄托。诸：讲作"之于"。

㊱以下四句至"适得而几矣"，有人认为是衍文。

㊲得：中，合乎常理的意思。

㊳适：恰。几：接近。

㊴因：顺应。是：此，这里指上述"为一"的观点，即物之本然而不要去加以分别的观点。

㊵已：这里是一种特殊的省略，实指前面整个一句话，"已"当讲作"因是已"。

㊶劳：操劳、耗费。神明：心思，指精神和才智。

㊷朝三："朝三""暮四"的故事。

㊸狙（jū）：猴子。狙公：养猴子的人。赋：给予。芧（xù）：橡子。

㊹亏：亏损。为用：为之所用，意思是喜怒因此而有所变化。

㊺和：调和、混用。休：这里含有优游自得地生活的意思。钧：通作"均"；"天钧"即自然而又均衡。

㊻两行：物与我，即自然界与自我的精神世界都能各得其所，自行发展。

㊼至：造极，最高的境界。

㊽封：疆界、界线。

㊾以：原本作“之”据文义改。

㊿昭氏：即昭文，以善于弹琴著称。

(51)师旷：晋平公时的著名乐师。枝策：用枝或策叩击拍节，犹如今天的打拍子。

(52)惠子：惠施。据：依。梧：树名。

(53)几：尽，意思是达到了顶点。

(54)载：记载；末年，晚年。

(55)好（hào）：喜好。

(56)明：明白、表露。

(57)坚白：指石的颜色白而质地坚。昧：迷昧。

(58)其子：指昭文之子。纶：绪，这里指继承昭文的事业。

(59)这句语意有所隐含，意思是如果上述情况都叫有所成就的话，即使是我没有什么成就也可说有了成就了。

(60)滑（gǔ）疑：纷乱的样子，这里指各种迷乱人心的辩说。

(61)图：疑为“鄙”字之误，瞧不起，摒弃的意思。

纪老师说

庄子认为，说话辩论不吹风。善辩的人辩论纷纭，但他们所说的话也不曾有过定论。

大道被小小的成功所隐蔽，言论被浮华的辞藻所掩盖。所以就有了儒家和墨家的是非之辩，肯定对方所否定的东西而否定对方所肯定的东西。这都不如用事物的本然去加以观察而求得明鉴。

事物对立的两个方面是相互并存、相互依赖的。因此圣人不走划分正误是非的道路而是观察比照事物的本然，也就是顺着事物自身的情态，从而顺应事物无穷无尽的变化。

事物有正确的一面，就能认可。所以可以列举细小的草茎和高大的庭柱，丑陋的癞头和美丽的西施，宽大、奇变、诡诈、怪异等千奇百怪的各种事态来说明这一点，从"道"的观点看它们都是相通而浑一的。通达的人知晓事物相通而浑一的道理，不用对事物做出解释，而应把自己的观点寄托于平常的事理之中。

庄子为了说明道理，讲了一个故事：养猴人给猴子分橡子，说："早上分给三升，晚上分给四升"。猴子们听了非常愤怒。养猴人便改口说："那么就早上四升晚上三升吧。"猴子们听了都高兴起来。名义和实际都没有亏损，喜与怒却各为所用而有了变化。因此，古代圣人把是与非混同起来，优游自得地生活在自然而又均衡的境界里，这就叫物与我各得其所、自行发展。

在庄子看来，古时候的人智慧达到了最高的境界。那时认为，整个宇宙从一开始就不存在什么具体的事物，这样的认识是最了不起的。万事万物从不曾有过区分和界线，也不曾有过是与非的不同。

事物有没有形成与亏缺，导致了昭文能不能弹琴奏乐。昭文善于弹琴，师旷精于乐律，惠施乐于高谈阔论，他们都爱好自己的学问与技艺，因而跟别人大不一样，总希望能够表现出来。而他们将那些不该彰

明的东西彰明于世,因而最终以石之色白与质坚均独立于石头之外的迷昧而告终。因此,各种迷乱人心的巧说辩言的炫耀,都是圣哲之人所鄙夷、摒弃的。所以说,各种无用均寄托于有用之中,这才是用事物的本然观察事物而求得真实的理解。

事物都有两个方面,道理也不是过于绝对,认清了大道至简,总是对人生有意义的。

原文

今且有言于此，不知其与是类乎？其与是不类乎？类与不类，相与为类①，则与彼无以异矣。虽然，请尝言之②。有始也者，有未始有始也者，有未始有夫未始有始也者。有有也者，有无也者，有未始有无也者，有未始有夫未始有无也者。俄而有无矣③，而未知有无之果孰有孰无也。今我则已有谓矣④，而未知吾所谓之其果有谓乎，其果无谓乎？天下莫大于秋豪之末⑤，而大山为小⑥；莫寿于殇子⑦，而彭祖为夭⑧。天地与我并生，而万物与我为一。既已为一矣，且得有言乎？既已谓之一矣，且得无言乎？一与言为二，二与一为三。自此以往，巧历不能得⑨，而况其凡乎⑩！故自无适有以至于三⑪，而况自有适有乎！无适焉，因是已⑫。

夫道未始有封⑬，言未始有常⑭，为是而有畛也⑮。请言其畛：有左有右，有伦有义⑯，有分有辩，有竞有争，此之谓八德⑰，六合之外⑱，圣人存而不论；六合之内，圣人论而不议⑲。春秋经世先王之志⑳，圣人议而不辩。故分也者，有不分也；辩也者，有不辩也。曰：何也？圣人怀之㉑，众人辩之以相示也㉒。故曰辩也者有不见也。

夫大道不称㉓，大辩不言，大仁不仁，不廉不嗛㉔，不勇不忮㉕。道昭而不道㉖，言辩而不及㉗，仁常而不成，廉清而不信，勇忮而不成。五者圆而几向方矣㉘。故知止其所不知，至矣。孰知不言之辩、不道之道？若有能知，此之谓天府㉙。注焉而不满㉚，酌焉而不竭㉛，而不知其所由来，此之谓葆光㉜。

注释

①类：同类、相同。

②尝：试。

③俄而：突然。

④谓：评说、议论。以下几句同此解。

⑤于：比。豪：通"毫"，细毛。末：末稍。

⑥大山：泰山。

⑦殇子：未成年而死的人。

⑧夭：夭折，短命。

⑨历：历数，计算。

⑩凡：平凡，这里指普通的人。

⑪适：往，到。

⑫因：顺应。已：矣。

⑬封：界线，分别。

⑭常：定见，定论。

⑮是：对的，正确的。畛（zhěn）：田地里的界路。

⑯伦：次序。义：仪，等别。

⑰八德：八类、八种。

⑱六合：天、地和东、西、南、北四方。

⑲论：研究。议：评说。

⑳经世：经纶世事。志：记载。

㉑怀：囊括于胸，指不去分辨物我和是非，把物与我、是与非都容藏于身。

㉒示：显示，这里含有夸耀于外的意思。

㉓称：举称。

㉔嗛（qiān）：通"谦"，谦逊。

㉕忮（zhì）：伤害。

㉖昭：明；这里指明白无误地完全表露出来。

㉗不及：达不到。

㉘圆：这里作做圆、求圆解。几：近，近似。

㉙府：储存财物的地方。天府，指自然生成的府库，也就是整个宇宙。

㉚注：注入。焉：讲作"于之"。

㉛酌：舀取。竭：尽。

㉜葆（bǎo）：藏，隐蔽。"葆光"即潜隐光亮而不露。

纪连海谈 庄子

纪老师说

庄子思考了宇宙万物的起源和我的起源，得出了"天地与我并生，而万物与我为一"的结论。我与天地万物同属于道，道既是万物之始，又是万物之终。庄子故意将秋毫说成大，将泰山说成小，将早夭的婴儿说成长寿，将八百岁的彭祖说成早夭。这些，读起来觉得有趣。为什么这么说呢？原来，庄子采用的参照物是个"无"。秋毫比无大，所以是大啊；万物归无，泰山是万物中的一个点，所以，泰山是小嘛；早夭的婴儿比无要长寿呀，所以他是长寿的；时间归于无，所以即使彭祖活了八百岁，也算是早夭。想想看，的确是这个道理。但从这个来看，参照物的确是个神奇的东西。我们看人看事，其实也是一个参照物的选择问题。比如得失。同样是失去了一次提拔的机会，在有的人看来，是痛苦的，因为他没有得到想要的东西，没有得到就等于失去了；而在有的人看来，是坦然的，因为拥有的东西不曾失去，没有失去就等于得到。你看，不同的角度，不同的参照，不同的心态，就会有不同的感受。我们看看庄子具体是怎么说的。

文章说：相同的言论与不相同的言论都是谈论，那其实就是同类。天地与我共生，万物与我为一体。既然已经浑然为一体，还能够有什么议论和看法？既然已经称作一体，又还能够没有什么议论和看法？还是顺应事物的本然吧。

人的生命是有限的，世人大多数对老和死心存恐惧。另外，也正是人对无我分别对待，才会无休止地追求外物，以至于深陷欲念不能自拔。如果一个人可以将自己和宇宙万物融为一体，就可以超越时间的界限，摆脱对外物的依赖，体验无穷无尽的天地。那时候，他既不会贪生怕死，也不会将时间耗费在没有意义的事情上了。因而，就不会有恐惧，也不会有烦恼。

文章接下来是这样写的：

所谓真理从不曾有过界线，言论也不曾有过定准，只因为各自认为只有自己的观点和看法才是正确的，这才有了这样那样的界线和区别。天地四方宇宙内外的事，圣人总是存而不论也不随意评说。圣人把事物都囊括于胸、容藏于己，而一般人则争辩不休夸耀于外，所以说，大凡争辩，总因为有自己所看不见的一面。

至高无上的真理是不必称扬的，最了不起的辩说是不必言说的，最具仁爱的人是不必向人表示仁爱的，最廉洁方正的人是不必表示谦让的，最勇敢的人是从不伤害他人的。假如有谁能够知道自然生成的府库，无论注入多少东西，它不会满盈，无论取出多少东西，它也不会枯竭，这就算学会了潜藏不露。

这一部分重点论述的是"大道不称，大辩不言"的道理。道没有界限，语言却有界限，因此，真理无须用语言表述，高明的言论也不用言说，而像那些仁慈啊、勇敢啊、善良啊等一系列的美德也是这个道理，并不需要特意去夸耀。人呀，就应该收敛锋芒，低调做人，让心灵变得广博，包容万象，不盈不亏。说到这里，我们会想起那些用名片的人，有的人在名片上印上一大串职务，以及所有称得上亮点

的内容，生怕人们不知道自己拥有怎样的职位和取得了怎样的成就，结果这份虚荣变成了人们的笑料。无论你怎么自夸、自我标榜，你还是你，仅此而已。庄子以"大道不称"来提醒人们葆光的重要性。其实这是一种高明的处世智慧。他要求人不要刻意显示自己的德行，为人处世应该低调一些好。因为，人一旦萌生了炫耀德行之心，行为举止就容易偏激。无论是为辩赢一件事不顾事情本身的真实模样，还是实行仁义导致偏私，无论是因为清廉正直弄得高处不胜寒孤独落寞，还是因为崇尚勇猛四处斗狠招致杀身之祸，都是这样的。大道虽不能说明，却没有人能否认它的博大深奥。美好的德行并不是用来展示给人看的，将其锋芒收藏，将其光亮收敛，其实光芒和锋芒本身依然存在，并未消失。

原文

　　故昔者尧问于舜曰："我欲伐宗、脍、胥敖①，南面而不释然②，其故何也？"舜曰："夫三子者③，犹存乎蓬艾之间④。若不释然⑤，何哉？昔者十日并出⑥，万物皆照，而况德之进乎日者乎⑦！"

　　啮缺问乎王倪曰⑧："子知物之所同是乎⑨？"曰："吾恶乎知之！""子知子之所不知邪？"曰："吾恶乎知之！""然则物无知邪？"曰："吾恶乎知之！虽然，尝试言之。庸讵知吾所谓知之非不知邪？庸讵知吾所谓不知之非知邪⑩？且吾尝试问乎女⑪：民湿寝则腰疾偏死⑫，鳅然乎哉⑬？木处则惴栗恂惧⑭，猨猴然乎哉⑮？三者孰知正处？民食刍豢⑯，麋鹿食荐⑰，蝍蛆甘带⑱，鸱鸦耆鼠⑲，四者孰知正味？猨猵狙以为雌⑳，麋与鹿交，鳅与鱼游㉑。毛嫱丽姬㉒，人之所美也，鱼见之深入，鸟见之高飞，麋鹿见之决骤㉓。四者孰知天下之正色哉？自我观之，仁义之端㉔，是非之涂㉕，樊然殽乱㉖，吾恶能知其辩㉗！"

　　啮缺曰："子不知利害，则至人固不知利害乎㉘？"王倪曰："至人神矣㉙！大泽焚而不能热㉚，河汉沍而不能寒㉛，疾雷破山飘风振海而不能惊㉜。若然者，乘云气，骑日月，而游乎四海之外。死生无变于己㉝，而况利害之端乎！"

注释

①宗、脍、胥敖：三个小国国名。

②南面：君主临朝；古代帝王上朝理事总坐北朝南。释然：不耿介于怀的样子。

③三子者：指上述三国的国君。

④蓬艾：两种草名。"存乎蓬艾之间"比喻国微君卑，不足与之计较。

⑤若：你。

⑥十日并出：比喻阳光普照到每一个地方。

⑦进：进了一步，具有超过、胜过的意思。

⑧啮（niè）缺、王倪：传说中的古代贤人，虚拟人物。

⑨所同是：意思是相互间共同的地方。

⑩庸讵：怎么，哪里。

⑪女：同"汝"，你。

⑫湿寝：在潮湿的地方寝卧。偏死：偏瘫，半身不遂。

⑬鳅（qiū）："鰍"字的异体字，即泥鳅。

⑭惴、栗、恂（xún）、惧：四字都是恐惧、惧怕的意思。

⑮猨："猿"字的异体，"猨猴"即"猿猴"。

⑯刍（chú）：草。豢（huàn）：养。"刍豢"，用草喂养，这里代指家畜、牲口。

⑰麋（mí）：一种食草的珍贵兽类，与鹿同科。荐（jiàn）：美草。

⑱蝍（jí）蛆（jū）：蜈蚣。甘：甜美，嗜好；这里作动词。带：小蛇。

⑲鸱（chī）：猫头鹰。耆：亦写作"嗜"，嗜好。

⑳猵（biān）狙（jū）：一种类似猿猴的动物。

㉑游：戏游，即交尾。

㉒毛嫱（qiáng）、丽姬：古代著名的美人。

㉓决（xuè）：通"䀗"，迅疾的样子。骤：快速奔跑。

㉔端：端绪。

㉕涂：通"途"，道路，途径。

㉖樊然：杂乱的样子。殽（yáo）：这里讲作"淆"，混杂的意思。

㉗辩：通"辨"，分别、区分的意思。

㉘至人：这里指能够达到忘我境界的、道德修养极高的人。

㉙神：神妙不测。

㉚泽：聚水的洼地。泽地水源充足，林木灌丛生长茂密。

㉛沍（hù）：河水冻结。

㉜疑为"疾雷破山不能伤，飘风振海不能惊"。

㉝无变于己：对于他自己全无变化。

纪连海谈 庄子

纪老师说

庄子以尧的故事，引出对大道的颂扬，又以啮缺和王倪的对话，阐述了对标准的看法。

从前，尧南面称帝后，还有宗、脍、胥敖三个国家没有归顺统一，这件事日夜萦绕于尧帝内心，挥之不去，似乎不尽快灭此三国，就很不痛快。当时，舜已掌国政，遂征求舜的意见，其实舜是不同意的。但尧这样的问法，舜也不好直接反对。于是，舜施展"葆光"之法，不搬仁义道德等高头讲章，而是实事求是地分别劝导。

一是说三个小小的国君，就像生存于蓬蒿艾草之中，不值得你这样伟大的君主挂怀。二是重提"羿射九日"的旧事。"羿射九日"，其实是尧以羿为将，灭掉九个大国、进而统一天下的故事。舜说，回想十国时代，万物都在阳光普照之下。其目的在于点醒尧，十国时代，天下富足，人民幸福。是因为你不满足居天下一隅，东征西伐，一统江山，使天无二日，民无二主，导致天下疲敝、百姓困苦。当前急需的是休养生息，万不可轻启战端，至生灵涂炭。三是送尧一顶高帽子。舜说，你崇高的德行远远超过那些曾经光耀千里的国君，为什么不致力于恢复并超过您和他们曾经创造的辉煌呢？

接下来的这个故事就比较有意思了。

啮缺问王倪："你知道各种事物相互间总有共同的地方吗？"王倪说："我怎么知道呢！"啮缺又问："你知道你所不知道的东西吗？"王倪回答说："我怎么知道呢！"啮缺接着又问："那么各种事

物便都无法知道了吗？"王倪回答："我怎么知道呢！虽然这样，我还是试着来回答你的问题。你怎么知道我所说的知道不是不知道呢？你又怎么知道我所说的不知道不是知道呢？我还是先问一问你，人们睡在潮湿的地方就会腰部患病甚至酿成半身不遂，泥鳅也会这样吗？人们住在高高的树木上就会心惊胆战、惶恐不安，猿猴也会这样吗？人、泥鳅、猿猴三者究竟谁最懂得居处的标准呢？人以牲畜的肉为食物，麋鹿食草芥，蜈蚣嗜吃小蛇，猫头鹰和乌鸦则爱吃老鼠，人、麋鹿、蜈蚣、猫头鹰和乌鸦这四类动物究竟谁才懂得真正的美味？猿猴把猵狙当作配偶，麋喜欢与鹿交配，泥鳅则与鱼交尾。毛嫱和丽姬，是人们称道的美人了，可是鱼儿见了她们深深潜入水底，鸟儿见了她们高高飞向天空，麋鹿见了她们撒开四蹄飞快地逃离。人、鱼、鸟和麋鹿四者究竟谁才懂得天下真正的美色呢？以我来看，仁与义的端绪，是与非的途径，都纷杂错乱，我怎么能知晓它们之间的分别！"

知与不知其实是很难说清楚的。一大串"吾恶乎知之"，一大串问号，给读者留下了深刻印象，这是庄子作为一个哲人发出的呼唤，也可说是哀叹，也可能是提醒，是大明白话：千万不敢牛气冲天呀，千万不要自以为知呀，千万不要妄说什么都知道，也不要评论这个不知道那个呀……其实人再能，所知都是有限的，仔细推敲起来，有很多东西也是靠不住的！

庄子真能雄辩，连泥鳅、猿猵、麋鹿、蝍蛆、鸱鸦都捎带上了。这也是讲万物尤其是价值的相对性、多元性，没有绝对的价值，只有

某一方面的价值。庄子与人平等地讨论泥鳅、猿猵、麋鹿、蝍蛆、鸱鸦们的选择标准,真够先进的,在古代中国尤其是异常稀罕的。

人为什么这样喜欢分三六九等?在一般人眼中,不但人要高于动植物,猿猵、麋鹿也要高于泥鳅、蝍蛆,然而庄子是拿它们一视同仁的。这还不算齐物吗?人什么时候能谦逊客观地将自己看作世间物种之一,而不是这个世界最强有力的主宰者,那么,这个世界就一定会好多了。

后文中,庄子假借啮缺与王倪的对话,点出一面是对于凡人是非利害争辩的看穿看透解构,一面是对于至人通道得道之人的赞颂与想象,这就是思想的力量,这就是思想的享受,这就是想象的魅力!什么都没有了,什么都被剥夺了,但是你还有思想,你还可能在思想中获得辉煌胜利,你还可以在思想中百战百胜,无往而不利,成为比皇帝更尊贵的至人,比将军更勇武的神人,比泰山更高耸的圣人。

这就不由得让人想起乔尔丹诺·布鲁诺,他是文艺复兴时期意大利思想家、自然科学家、哲学家和文学家。作为思想自由的象征,他鼓励了16世纪欧洲的自由运动,成为西方思想史上重要人物之一。而且,他勇敢地捍卫和发展了哥白尼的太阳中心说,并把它传遍欧洲,被世人誉为反教会、反经院哲学的无畏战士,捍卫真理的殉葬者。在他所处的时代中,都使其成为了风口浪尖上的人物,最后被宗教裁判所判为"异端"烧死在罗马鲜花广场。

布鲁诺常常被人们看作近代科学兴起的先驱者、捍卫科学真理并为此献身的殉道士。随着科学的不断发展，到了1889年，罗马宗教法庭不得不亲自出马，为布鲁诺平反并恢复名誉。同年，在布鲁诺殉难的罗马鲜花广场上，人们树立起他的铜像，以作为对这位为真理而斗争，宁死不屈的伟大科学家的永久纪念。

　　布鲁诺为了维护科学，烈焰与死亡在他面前都不过是浮云而已，这就是思想的力量！

纪连海谈 庄子

原文

瞿鹊子问乎长梧子曰①:"吾闻诸夫子②,圣人不从事于务③,不就利④;不违害⑤,不喜求,不缘道⑥;无谓有谓⑦,有谓无谓,而游乎尘垢之外。夫子以为孟浪之言⑧,而我以为妙道之行也。吾子以为奚若⑨?"

长梧子曰:"是黄帝之所听荧也⑩,而丘也何足以知之!且女亦大早计⑪,见卵而求时夜⑫,见弹而求鸮炙⑬。予尝为女妄言之,女以妄听之。奚旁日月⑭,挟宇宙?为其脗合⑮,置其滑涽⑯,以隶相尊⑰。众人役役⑱,圣人愚芚⑲,参万岁而一成纯⑳。万物尽然㉑,而以是相蕴㉒。

"予恶乎知说生之非惑邪㉓!予恶乎知恶死之非弱丧而不知归者邪㉔!丽之姬㉕,艾封人之子也㉖。晋国之始得之也,涕泣沾襟,及其至于王所㉗,与王同筐床㉘,食刍豢,而后悔其泣也。予恶乎知夫死者不悔其始之蕲生乎㉙!梦饮酒者,旦而哭泣;梦哭泣者,旦而田猎㉚。方其梦也㉛,不知其梦也。梦之中又占其梦焉,觉而后知其梦也。且有大觉而后知此其大梦也,而愚者自以为觉,窃窃然知之㉜。君乎、牧乎，固哉㉝！丘也与女，皆梦也；予谓女梦，亦梦也。是其言也，其名为吊诡㉞。万世之后而一遇大圣，知其解者，是旦暮遇之也㉟！

"既使我与若辩矣㊱，若胜我，我不若胜㊲，若果是也，我果非也邪？我胜若，若不吾胜，我果是也，而果非也邪㊳？其或是也，其或非也邪？其俱是也，其俱非也邪？我与若不能相知也，则人固受其黮㊴，吾谁使正之㊵？使同乎若者正之？既与若同矣，恶能正之！使同乎我者正之？既同乎我矣，恶能正之！使异乎我与若者正之？既异乎我与若矣，恶能正之！使同乎我与若者正之？既同乎我与若矣，恶能正之！然则我与若与人，俱不能相知也，而待彼也邪㊶？化声之相待㊷，若其不相待，和之以天倪㊸，因之以曼衍㊹，所以穷年也㊺。

"何谓和之以天倪？曰：是不是，然不然。是若果是也，则是之异乎不是也亦无辩；然若果然也，则然之异乎不然也亦无辩。忘年忘义㊻，振于无竟㊼，故寓诸无竟㊽"。

注释

①瞿鹊子、长梧子：杜撰的人名。

②夫子：孔子，名丘，字仲尼，儒家创始人。

③务：事，含有琐细事务的意思。

④就：趋赴，追求。

⑤违：避开。

⑥缘：因循。"不缘道"即不拘于道。

⑦谓：说，言谈。

⑧孟浪：言语轻率不当。

⑨奚若：何如，怎么样。

⑩听荧（yíng）：疑惑不明。

⑪大早：过早。计：考虑。

⑫时夜：司夜，即报晓的鸡。

⑬鸮（xiāo）：一种肉质鲜美的鸟，俗名斑鸠。炙：烤肉。

⑭奚：这里用同"盍"字，意思是"怎么不"。旁（bàng）：依傍。

⑮脗："吻"字的异体字。

⑯滑（gǔ）：通"汨"，淆乱的意思。涽（hūn）：乱。

⑰隶：奴仆，这里指地位卑贱，与"尊"相对。

⑱役役：驰骛于是非之境，意思是一心忙于分辨所谓是与非。

⑲芚（chūn）：浑然无所觉察和识别的样子。

⑳参：糁糅。万岁：年代久远。"参万岁"意思是糁合历史的长久变异与沉浮。

㉑尽：皆、全。

㉒以是：因此，因为这个缘故。蕴：积。

㉓说（yuè）：通"悦"；喜悦。

㉔恶死：讨厌死亡。弱：年少。丧（sàng）：丧失，这里指流离失所。

㉕丽：丽戎，春秋时的小国。姬：美女。"丽之姬"即丽姬，宠于晋献公，素以美貌称于世。

㉖艾：地名。封人，封疆守土的人。子：女儿。

㉗及：等到。

㉘筐床：方正而又安适的床。

㉙蕲（qí）：祈，求的意思。

㉚田：打猎。这个意义后代写作"畋"。"田猎"即畋猎。

㉛方：正当。

㉜窃窃然：明察的样子。

㉝牧：牧夫，用指所谓卑贱的人，与高贵的"君"相对。固：鄙陋。

㉞吊（dì）诡：奇特、怪异。

㉟旦暮：很短的时间，含有偶然的意思。

㊱若：你。

㊲不若胜：即不胜你。

㊳而：你。

㊴黮（dǎn）：昏暗不明的样子。"黮"是"暗"字的异体字。

㊵谁使：使谁。

㊶彼：这里讲作另外的什么人。

㊷化声：变化的声音，这里指是非不同的言论。

㊸倪：分，"天倪"即天然的分际。

㊹因：顺应。曼衍：变化发展。

㊺所以：这里讲作"用这样的办法来……"。穷：尽，终了。

㊻年：概指生死。义：概指是非。

㊼振：畅。竟：通"境"；境界，境地。

㊽寓：寄托。

纪老师说

长梧子与瞿鹊子的对话，主旨是否定世俗的是非观，主张应任自然，长梧子以梦为喻，说明世俗中人对生死利害的追求实际上就像在迷梦中一样，只有得道的至人才能顺乎自然而清醒地看问题。

我们先来了解一下原文内容：

瞿鹊子向长梧子问道。圣人从不谈论琐细的事务，不追逐私利，不回避灾害，不喜好贪求，不因循成规；没说什么又好像说了些什么，说了些什么又好像什么也没有说，因而遨游于世俗之外。孔丘认为这些话很不恰当，瞿鹊子认为是精妙之道的实践和体现。瞿鹊子说，你怎么看？

长梧子说，这些话黄帝也会疑惑不解的，而孔丘怎么能够知晓呢！跟万物吻合为一体，置各种混乱纷争于不顾，把卑贱与尊贵都等同起来。人们总是一心忙于去争辩是非，圣人却好像十分愚昧无所觉察，糅合古往今来多少变异、沉浮，自身却浑然一体不为纷杂错异所困扰。睡梦里饮酒作乐的人，天亮醒来后很可能痛哭饮泣；睡梦中痛哭饮泣的人，天亮醒来后又可能在欢快地逐围打猎。人在最为清醒的时候方才知道他自身也是一场大梦，而愚昧的人则自以为清醒，好像什么都知晓什么都明了。君尊牧卑，这种看法实在是浅薄鄙陋呀！孔丘和你都是在做梦，我说你们在做梦，其实我也在做梦。

辩论中的不同言辞跟变化中的不同声音一样相互对立，就像没有相互对立一样，都不能相互做出公正的评判，也不需去争辩。圣人总把自己寄托于无穷无尽的境域之中，忘掉生死，忘掉是非，达到无穷无尽的境界。

圣人与万物合一，并不为尘世熙攘所扰，顺乎自然。但凡夫俗子则习惯用已知推测未知，为想象出来的境遇悲伤或者欣喜。庄子用丽姬入晋宫的故事说明，已知并不一定推测出未知。人不知死，却厌恶和恐惧死亡，就是被知迷惑住了，愚人意识不到自己已经陷入自己亲手编造的环境之中。人应该从知的局限中跳出来，从人造的梦境中走出来，和万物合一。这个丽姬入晋宫的故事，我们可以说一说。丽姬呢，要嫁到晋国的王宫里去。可是，人还没有嫁过去呢，就担心得泪流满面，涕泪沾襟的，因为不知道嫁过去是好是坏啊。等到嫁过去之后，和那晋王一起吃上美味佳肴，一起睡到龙床上之后，这个丽姬不哭了，并且还为当初的哭哭啼啼感到羞愧和后悔。庄子就用这个故事来告诉人们，没有必要为了死亡等未知的事情感到恐惧。活着的人，不知道死后的情景嘛！也许，死亡并没有像人们想的那么糟糕，也许死亡有时候比活着还要幸福呢。

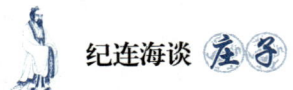

　　的确如此，对于大多数人来说，死亡是最大的恐惧，但与其说人恐惧的是死亡本身，不如说人们害怕的是未知。生活中，很多人都习惯于将未知的事情想得非常可怕，并为此忧心忡忡，甚至因为害怕面对未知，拒绝接受新的事物，不肯踏进新的环境，甘愿放弃自我发展的机会。有些朋友，在某个单位里干了一辈子也没有取得什么成就，但是按照他的才华、本领，如果换个环境，换个平台，找个更适合自己发挥智慧的地方，其实早有成就了，早就有出息了。但他一直担心，外面的世界虽然很精彩，可是也有未知的风险，离开后，一切不顺利怎么办？失败了怎么办？倒还不如在这熟悉的环境里将就着过下去得了。结果，因为害怕未知而踌躇不前，错失了种种机会，埋没了种种才华。实在是可叹，可惜，可悲啊。

原文

罔两问景曰①:"曩子行②,今子止;曩子坐,今子起。何其无特操与③?"景曰:"吾有待而然者邪④?吾所待又有待而然者邪?吾待蛇蚹蜩翼邪⑤?恶识所以然?恶识所以不然?"

昔者庄周梦为胡蝶⑥,栩栩然胡蝶也⑦,自喻适志与⑧!不知周也。俄然觉⑨,则蘧蘧然周也⑩。不知周之梦为胡蝶与,胡蝶之梦为周与?周与胡蝶,则必有分矣。此之谓物化。

注释

①罔两:影子之外的微阴。景:影子。

②曩(nǎng):以往,从前。

③特:独。操:操守。

④待:依靠,凭借。

⑤蚹(fù):蛇肚腹下的横鳞,蛇赖此行走。蜩:蝉。

⑥胡蝶:亦作蝴蝶。

⑦栩(xǔ)栩然:欣然自得的样子。

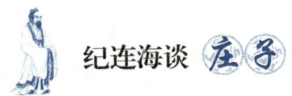

⑧喻：通"愉"，愉快。适志：合乎心意，心情愉快。

⑨俄然：突然。

⑩蘧（qú）蘧然：惊惶的样子。

纪老师说

影子之外的微阴问影子："先前你行走，现在又停下；以往你坐着，如今又站了起来。你怎么没有自己独立的操守呢？"影子回答说："我是有所依凭才这样的吗？我所依凭的东西又有所依凭才这样的吗？我所依凭的东西难道像蛇的蚹鳞和鸣蝉的翅膀吗？我怎么知道因为什么缘故会是这样？我又怎么知道因为什么缘故而不会是这样？"

过去庄周梦见自己变成蝴蝶，欣然自得地飞舞着一只蝴蝶，感到多么愉快和惬意啊！不知道自己原本是庄周。突然间醒来，惊惶不定之间方知原来是我庄周。不知是庄周梦中变成蝴蝶呢，还是蝴蝶梦见自己变成庄周呢？庄周与蝴蝶那必定是有区别的。这就可叫作物我的交合与变化。

在这里，庄子以变幻不定的影子说明以来外物而生，无以得到自由的道理，并借影子之口提出"物从何来"的问题。接着，又以梦说事。庄子是庄子，蝴蝶是蝴蝶，但是在梦中，庄子可以是蝴蝶，蝴蝶也可以是庄子，我与物的界限被打破了，于是，庄子在梦中实现了万物与我的统一，从而无处了解万物齐一的道理，抵达了逍遥之境。已和人，我和物，我和非我，都是没有差别的，为什么呢？因为大家都是道的产物，是一个本原出来的东西。不管是庄子梦见蝴蝶也好，也不管是蝴蝶梦见庄子也好，都不用去分辨，因为分辨也分辨不清，因此，庄子提出"天地与我共生，万物与我为一"。我们想到蝴蝶变成庄子还是庄子变成了蝴蝶的人，只是小觉而已，而只有认识到亮着没有什么区别的人才是大觉。只有大觉能得道，只有大觉才能理解道。那么，你是大觉，还是小觉？

养生主

原文

吾生也有涯①，而知也无涯②。以有涯随无涯③，殆已④；已而为知者⑤，殆而已矣！为善无近名⑥，为恶无近刑。缘督以为经⑦，可以保身，可以全生⑧，可以养亲⑨，可以尽年⑩。

注释

①涯：边际，极限。

②知（zhì）：知识，才智。

③随：追随，索求。

④殆：危险，这里指疲困不堪，神伤体乏。

⑤已：此，如此。

⑥近：接近，这里含有追求、贪图的意思。

⑦缘：顺着，遵循。督：中，正道。"缘督"就是顺从自然之中道的含意。经：常。

⑧生：通"性"，"全生"意思是保全天性。

⑨养亲：不为父母留下忧患。

⑩尽年：终享天年，不使夭折。

原文

庖丁为文惠君解牛①，手之所触②，肩之所倚③，足之所履④，膝之所踦⑤，砉然向然⑥，奏刀騞然⑦，莫不中音⑧，合于桑林之舞⑨，乃中经首之会⑩。

文惠君曰："嘻⑪，善哉！技盖至此乎⑫？"庖丁释刀对曰⑬："臣之所好者道也⑭，进乎技矣⑮。始臣之解牛之时，所见无非全牛者。三年之后，未尝见全牛也。方今之时，臣以神遇而不以目视⑯，官知止而神欲行⑰。依乎天理⑱，批大郤⑲，导大窾⑳，因其固然㉑；技经肯綮之未尝㉒，而况大軱乎㉓！良庖岁更刀㉔，割也；族庖月更刀㉕，折也㉖。今臣之刀十九年矣，所解数千牛矣，而刀刃若新发于硎㉗。彼节者有闲㉘，而刀刃者无厚。以无厚入有闲，恢恢乎其于游刃必有余地矣㉙，是以十九年而刀刃若新发于硎。虽然，每至于族㉚，吾见其难为，怵然为戒㉛，视为止，行为迟，动刀甚微。謋然已解㉜，如土委地㉝。提刀而立，为之四顾，为之踌躇满志㉞，善刀而藏之㉟。"

文惠君曰："善哉！吾闻庖丁之言，得养生焉㊱。"

注释

①庖（páo）：厨房。"庖丁"即厨师。为（wèi）：替，给。文惠君：旧说指梁惠王。解：剖开、分解。

67

②触：接触。

③依：靠。

④履：踏、踩。

⑤踦（yǐ）：用膝抵住。

⑥砉（huà）然：皮肉分离的声音。向：通"响"，声响。

⑦奏：进。騞（huò）然：以刀快速割牛的声音。

⑧中（zhòng）：合乎；"中音"，意思是合乎音乐的节奏。

⑨桑林：乐曲名。

⑩经首：传说中帝尧时代的乐曲名。会：乐律，节奏。

⑪嘻（xī）：表惊叹。

⑫盖：通"盍"，讲作何，怎么的意思。

⑬释：放下。

⑭好（hào）：喜好。道：事物的规律。

⑮进：进了一层，含有超过、胜过的意思。乎：于，比。

⑯神：精神，心思。

⑰官：器官，这里指眼。知：知觉，这里指视觉。

⑱天理：自然的纹理，这里指牛体的自然结构。

⑲批：击。郤（xì）：通"隙"。

⑳导：引导，导向。窾（kuǎn）：空。

㉑因：依，顺着。固然：本然，原本的样子。

㉒技（zhī）：通"枝"，指支脉。经：经脉。"技经"指经络结聚

的地方。肯：附在骨上的肉。綮（qǐ）：骨肉连接很紧的地方。

㉓軱（gū）：大骨。

㉔岁：每年。

㉕族：众；"族庖"指一般的厨师。

㉖折：断；这里指用刀砍断骨头。

㉗硎（xíng）：磨刀石。

㉘闲（jiàn）：缝，间隙。

㉙恢恢：宽广。游刃：运转的刀刃。

㉚族：指骨节、筋腱聚结交错的部位。

㉛怵（chù）然：小心谨慎的样子。

㉜謋（huò）：牛体分解的声音。

㉝委：堆积。

㉞踌躇：悠然自得的样子。

㉟善：摆弄、擦拭。

㊱养生：养生之道。

纪老师说 ●●●

养生是中国文化中比较永恒的主题之一，古往今来一直备受人们的关注，当今社会好像尤为注重。然而作为哲学家庄子，他讲的养生比起世俗之人的养生，却有着极大的不同。世俗之人所谓的养生，大多关注肉体生命的护养；哲学家所谓养生，却关注于精神生命的护养

和精神境界的提升。

文章起初，庄子就说，人们的生命是有限的，而知识却是无限的。以有限的生命去追求无限的知识，势必体乏神伤，既然如此还在不停地追求知识，那可真是十分危险的了！做了世人所谓的善事却不去贪图名声，做了世人所谓的恶事却不至于面对刑戮的屈辱。尊崇自然的中正之路并把它作为顺应事物的常法，这就可以护卫自身，就可以保全天性，就可以不给父母留下忧患，就可以终享天年。

接下来，庄子讲的是一个很多人都知道的庖丁解牛的故事。

厨师给文惠君宰杀牛牲，分解牛体时手接触的地方，肩靠着的地方，脚踩踏的地方，膝抵住的地方，都发出砉砉的声响，快速进刀时刷刷的声音，无不像美妙的音乐旋律，符合桑林舞曲的节奏，又合于经首乐曲的乐律。

文惠君赞赏有加，同时又感到奇异，这解牛的技术咋这么高超呢？大厨师回答说，我开始分解牛体的时候，所看见的没有不是一头整牛的。几年之后，就看不到整体的牛了。现在，我只用心神去接触而不必用眼睛去观察，眼睛的功能似乎停了下来而精神世界还在不停地运行。我依照牛体自然的生理结构，劈击肌肉骨骼间大的缝隙，把刀导向那些骨节间大的空处，顺着牛体的天然结构去解剖；从不曾碰撞过经络结聚的部位和骨肉紧密连接的地方，何况那些大骨头呢！优秀的厨师一年更换一把刀，因为他们是在用刀割肉；普通的厨师一个月就更换一把刀，因为他们是在用刀砍骨头。如今我使用的这把刀已经十九年了，所宰杀的牛牲上千头了，而刀刃锋利得就像刚从磨刀石上磨过一样。牛的骨节乃至各个组合部位之间是有空隙的，而刀刃几乎没有什么厚度，用薄薄的刀刃插入有空隙的骨节和组合部位间，对于刀刃的运转和回旋来说那是多么宽绰而有余地呀。所以我的刀使用了十九年刀锋仍像刚从磨刀石上磨过一样。虽然这样，每当遇上筋腱、骨节聚结交错的地方，我看到难以下刀，为此而格外谨慎不敢大意，目光专注，动作迟缓，动刀十分轻微。牛体嚯嚯地全部分解开来，就像一堆泥土堆放在地上。我于是提着刀站在那儿，为此而环顾四周，为此而踌躇满志，这才擦拭好刀收藏起来。

  庄子是用宰牛的方法比喻养生的道理，由养生之理喻处世之道。他以牛的筋骨之盘根错节，比喻世道之复杂凶险；以庖丁在实践中领悟的宰牛要"依乎天理""因其固然"的道理，启迪人们处世不能强行妄为，而要依循客观规律；以庖丁在解牛时遇到筋骨盘结之处所采取的"怵然为戒"、凝神专注的态度，告诫人们遇到困难时行事更应警惕、专注；又以庖丁成功后"踌躇满志"的喜悦和"善刀而藏之"的谨慎，教导人们凡事应含藏内敛，不宜过于张扬；更以庖丁解牛之挥洒自如和出神入化，向人们展示了"得道"者的自由境界。

原文

公文轩见右师而惊曰①："是何人也？恶乎介也②？天与，其人与？"曰："天也，非人也。天之生是使独也③，人之貌有与也④。以是知其天也，非人也"。泽雉十步一啄⑤，百步一饮，不蕲畜乎樊中⑥。神虽王⑦，不善也。

老聃死⑧，秦失吊之⑨，三号而出⑩。弟子曰："非夫子之友邪？"曰："然"。"然则吊焉若此，可乎？"曰："然。始也吾以为其人也⑪，而今非也。向吾入而吊焉⑫，有老者哭之，如哭其子；少者哭之，如哭其母。彼其所以会之⑬，必有不蕲言而言，不蕲哭而哭者。是遁天倍情⑭，忘其所受⑮，古者谓之遁天之刑⑯。适来⑰，夫子时也⑱；适去，夫子顺也。安时而处顺，哀乐不能入也，古者谓是帝之县解⑲。"

指穷于为薪⑳，火传也，不知其尽也。

注释

①公文轩：相传为宋国人，复姓公文，名轩。右师：官名。

②介：独，只有一只脚。

③是：此，指代形体上只有一只脚的情况。独：只有一只脚。

④与：旧注解释为"共"。

⑤雉（zhì）：雉鸟，俗称野鸡。

⑥蕲（qí）：祈求，希望。畜：养。樊：笼。

⑦王（wàng）：旺盛，后写作"旺"。

⑧老聃（dān）：即老子，姓李名耳。

⑨秦失（yì）：亦写作"秦佚"，老聃的朋友。

⑩号：这里指大声地哭。

⑪其人：指与秦失对话的哭泣者。

⑫向：刚才。

⑬彼其：指哭泣者。所以：讲作"……的原因"。会：聚，碰在一块儿。

⑭遁：逃避，违反。倍：通"背"，背弃的意思。

⑮忘其所受：大意是忘掉了受命于天的道理。

⑯刑：过失。

⑰适：偶然。来：来到世上。

⑱夫子：指老聃。

⑲帝：天。县（xuán）：同"悬"。

⑳穷：尽。

纪连海谈 庄子

纪老师说

庄子以残缺了一只脚却神气旺盛的右师为例,告诉人们那种存在于"形骸之外"的价值取向才是人生所真正应该予以关注和追求的。生活在大自然中的野鸡,十步才得一啄,百步方能一饮,比起养在笼中的同类,虽无丰足的滋养,却不受牢笼之困,得以奋翼高鸣,自适其志,悠然自在。足见不为名利所困的自由精神是多么可贵。

随后,庄子借秦失吊唁老聃的故事,表达了这样的观念:生与死都不过是自然的形态变化,因而生不足喜,死亦不足悲,对于肉体生命不必过多地在意。庄子把对待生死的这种自然主义态度称为"悬解"。因为人生无不时刻被生死问题所困扰,犹如倒悬一般,若能像老聃那样"安时而处顺,哀乐不能入",对生死采取超然的达观态度,便是解除了倒悬之苦。在庄子看来,肉体生命的存在是暂时的,精神生命的存在才是永恒的,他用"薪尽火传"来说明这一道理:"薪"象征着有限的肉体,"火"象征着永恒的精神生命,人的精神、思想、人格的生命之火一旦点燃,就应该一直传递下去而永无穷尽,人生的真正价值和意义也正在于此。因而,人生在世,应该善于护养自己的精神生命,使其超越肉体生命的局限,在暂时中寻求永恒,在有限中追索无限,使自己短暂的一生生活得有意义,有价值。

屈原是古代著名的爱国诗人和政治家,生于两千多年前的楚国,当时正是中国历史上奴隶制度向封建制度转变的时期,当时,中国境内的七大诸侯国割据称雄,不断进行兼并战争。七国之中,以秦国的实力最强，而对秦国的军事压力和楚国的政治腐败，屈原极力主张对外联齐，对内变法图强，进而统一中国。

屈原二十六岁开始就担任楚国左徒兼闾大夫，他倡导举贤授能，富国强兵，力主联齐抗秦。但是，他的两位同僚和楚怀王的宠妃却对他很反感，他们既反对屈原的革命思想，又妒忌他的非凡才能，就不断地在楚怀王面前说屈原的坏话。时间一长，楚怀王竟对他们的诬陷深信不疑。最后屈原被免去官职赶出都城，流放到外地。

流放初期，屈原受尽屈辱磨难，但他没有绝望，他深信国君总有一天会醒悟过来，重新重用他。就这样，直到楚怀王受奸臣陷害，最后死在秦国的时候，他还幻想着新君能接受楚怀王的教训，重新重用他，使他大展宏图。可是，新君不但不起用他，反而把他流放到更远的地方。公元前278年（秦昭王二十九年），秦军攻破楚国都郢，得知消息的屈原自知复国无望，悲愤之余，自投汨罗江而死。

屈原对国家前途忧心如焚，痛恨奸佞误国，但又不肯同恶势力同流合污，他继续坚持自己的高尚理想，直到生命的最后一息。

人活着终将死去，但有些人虽死犹生，其精神在他们死后往往仍能熠熠生辉，照古耀今，指引着人们前行的道路。就像著名诗人臧克家赞美鲁迅"有的人死了，他还活着"一样，给人以精神的巨大鼓舞，也给后人以深刻的启迪。

人间世

原文

　　颜回见仲尼①，请行。曰："奚之②？"曰："将之卫。"曰："奚为焉？"曰："回闻卫君，其年壮，其行独③；轻用其国，而不见其过；轻用民死，死者以国量乎泽若蕉④，民其无如矣⑤。回尝闻之夫子曰：'治国去之⑥，乱国就之⑦，医门多疾'。愿以所闻思其则⑧，庶几其国有瘳乎⑨！"

　　仲尼曰："嘻！若殆往而刑耳⑩！夫道不欲杂，杂则多，多则扰，扰则忧，忧而不救。古之至人，先存诸己而后存诸人⑪。所存于己者未定，何暇至于暴人之所行⑫！

　　"且若亦知夫德之所荡而知之所为出乎哉⑬？德荡乎名，知出乎争。名也者，相轧也⑭；知也者，争之器也。二者凶器，非所以尽行也。

　　"且德厚信矼⑮，未达人气⑯，名闻不争，未达人心。而强以仁义绳墨之言术暴人之前者⑰，是以人恶有其美也⑱，命之曰菑人⑲。菑人者，人必反菑之，若殆为人菑夫？且苟为悦贤而恶不肖⑳，恶用而求有以异㉑？若唯无诏㉒，王公必将乘人而斗其捷㉓。而目将荧之㉔，而色将平之㉕，口将营之㉖，容将形之㉗，心且成之㉘。是以火救火，以水救水，名之曰益多。顺始无穷，若殆以不信厚言，必死于暴人之前矣！

"且昔者桀杀关龙逄㉙，纣杀王子比干㉚，是皆修其身以下伛拊人之民㉛，以下拂其上者也㉜，故其君因其修以挤之㉝。是好名者也。昔者尧攻丛枝、胥敖㉞，禹攻有扈㉟，国为虚厉㊱，身为刑戮；其用兵不止，其求实无已㊲。是皆求名实者也，而独不闻之乎？名实者，圣人之所不能胜也，而况若乎！虽然，若必有以也㊳，尝以语我来㊴！"

注释

①颜回：孔子的弟子。仲尼：孔子。

②之：往。

③独：专断。

④蕉：草芥。

⑤如：往。"无如"意思是没有归往的地方。

⑥去：离。

⑦就：趋赴，前往。

⑧以：用，根据。则：准则，办法。

⑨庶几：也许可以；含有希望的意思。瘳（chōu）：病愈，这里指国家恢复了元气。

⑩殆：恐怕，大概。刑：遭受刑戮。

⑪存：指道德修养的建立。

⑫暴人：施政暴虐的人，这里指卫国国君。

⑬荡：丧失，毁坏。

⑭轧：倾轧。

⑮矼（qiāng）：坚实、笃厚。

⑯人气：犹言民情、民心。

⑰绳墨：喻指规矩、规范。术（術）：通作"述"。

⑱此句就上下文意看很难串通。其：己；三人称代词变用为己称。

⑲命之：名之，称谓它。菑（zāi）："灾"字的异体字，"灾"字今简化为"灾"。

⑳悦：喜好。不肖：不像，这里指不学好。

㉑而：汝，你。

㉒唯：只。诏：告，这里指向卫君进言。

㉓王公：指卫君。

㉔荧（yíng）：眩，迷惑。

㉕色：脸色。平：平和。

㉖营：营救，这里指用言语自我解脱。

㉗容：容颜、态度。形：显露，表现。

㉘成之：以之为成，把对方的作为加以认可。

㉙桀：夏代最后一个国君，素以暴虐称著于史。关龙逢：夏桀时代的贤臣。

㉚纣：商代最后一个国君，暴君。比干：商纣王的叔叔，因力谏而

被纣王杀害。

㉛下：下位，居于臣下之位。伛（yǔ）拊（fǔ）：怜爱抚育。人：人君的省称。

㉜拂：违反。上：这里指国君。

㉝修：美好，这里专指很有道德修养。挤：排斥。

㉞丛枝、胥敖：帝尧时代两个部落小国。

㉟有扈：古国名。

㊱虚：墟所，这个意义后代写作"墟"。厉：人死而无后代。

㊲实：实利。已：止。

㊳有以：有所依凭。

㊴以语我：把它告诉给我。来：句末语气词，表示感叹。

原文

颜回曰："端而虚①，勉而一②。则可乎？"曰："恶③，恶可！夫以阳为充孔扬④，采色不定⑤，常人之所不违，因案人之所感⑥，以求容与其心⑦，名之曰日渐之德不成⑧，而况大德乎！将执而不化⑨，外合而内不訾⑩，其庸讵可乎⑪！"

"然则我内直而外曲⑫，成而上比⑬。内直者，与天为徒⑭。与天为徒者，知天子之与己皆天之所子⑮。而独以己言蕲乎而人善之⑯，蕲乎而人不善之邪？若然者，人谓之童子⑰，是之谓与天为徒。外曲者，与人之为徒也。擎跽曲拳⑱，人臣之礼也，人皆为之，吾敢不为

邪？为人之所为者，人亦无疵焉⑲，是之谓与人为徒。成而上比者，与古为徒，其言虽教，谪之实也⑳；古之有也，非吾有也。若然者，虽直而不病㉑，是之谓与古为徒。若是则可乎？”仲尼曰：“恶，恶可！大多政法而不谍㉒，虽固亦无罪㉓。虽然，止是耳矣㉔，夫胡可以及化㉕！犹师心者也㉖。”

颜回曰：“吾无以进矣，敢问其方㉗。”仲尼曰：“斋㉘，吾将语若！有心而为之㉙，其易邪？易之者，皞天不宜㉚。”颜回曰：“回之家贫，唯不饮酒不茹荤者数月矣㉛。如此，则可以为斋乎？”曰：“是祭祀之斋，非心斋也㉜。”回曰：“敢问心斋。”仲尼曰：“若一志㉝，无听之以耳而听之以心，无听之以心而听之以气㉞！听止于耳㉟，心止于符㊱。气也者，虚而待物者也。唯道集虚㊲。虚者，心斋也。”

颜回曰：“回之未始得使㊳，实自回也㊴；得使之也，未始有回也。可谓虚乎？”夫子曰：“尽矣㊵。吾语若！若能入游其樊而无感其名㊶，入则鸣㊷，不入则止。无门无毒㊸，一宅而寓于不得已㊹，则几矣㊺。绝迹易，无行地难㊻。为人使易以伪㊼，为天使难以伪。闻以有翼飞者矣，未闻以无翼飞者也；闻以有知知者矣，未闻以无知知者也㊽。瞻彼阕者㊾，虚室生白㊿，吉祥止止(51)。夫且不止，是之谓坐驰(52)，夫徇耳目内通而外于心知(53)，鬼神将来舍，而况人乎！是万物之化也，禹舜之所纽也(54)，伏戏几蘧之所行终(55)，而况散焉者乎(56)！”

注释

①端：端庄、正派。虚：虚豁、谦逊。"端"指外表，"虚"指内心。

②勉：勤恳努力。一：这里是始终如一，忠贞不二的意思。

③恶（wū）：叹词，驳斥之声。

④阳：指刚猛之盛气。充：满，充斥于心。孔：甚，很。扬：露于外表。

⑤采色：这里指面部表情。"采色不定"犹言"喜怒无常"。

⑥案：压抑，压制。

⑦容与：放纵。

⑧渐：浸渍，润泽。

⑨执：固守己见。

⑩外合：外表赞同。訾（zǐ）：非议。

⑪其：那，那样。庸讵：怎么。

⑫直：正直，光明正大。曲：弯曲，含有俯首曲就的意思。

⑬成：成就，指心中有数，已有成熟的主张和看法。上：上世，指古代。"上比"意思是跟古代的做法相比较。

⑭天：自然。

⑮所子：所养育的子女。

⑯蕲：祈求，希望得到。善之：以之为善，把这样的言论看作正确的。

⑰童子：未成年的人。

⑱擎：举，这里指手里拿着朝笏（hù）。跽：长跪。曲拳：躬身屈体。

⑲疵（cī）：诽谤。

⑳谪（zhé）：谴责、责备。

㉑病：怨恨、祸害。

㉒大：太。政：通"正"，端正、纠正的意思。谍：当。

㉓固：固陋，执着而不通达。

㉔止是：只此。耳矣：罢了。

㉕胡：何，怎么。

㉖师：讲作以……为师。心：这里指内心的定见。

㉗敢：表示谦敬之词，相当于今天"斗胆地""冒昧地"之意。方：办法。

㉘斋：斋戒，指祭祀前的清心洁身，这里专指清心。

㉙有心：指怀有积极用世之心。

㉚暤（hào）：通"昊"，广大的意思。"暤天"就是"大天"。宜：当，合适。

㉛茹：吃。荤：指荤辛，即葱蒜之类的菜。

㉜心斋：内心的斋戒。

㉝一：专一。"一志"意思是凝寂虚忘，摒除杂念，心思高度专一。

㉞气：指虚以待物的心境。

㉟"听止于耳"一句，联系下句当是"耳止于听"之误倒。

㊱符：合。

㊲虚：这里指纯净、空明的境界。

㊳得使：意思是禀受了心斋的教诲。

㊴自：疑是"有"字之误。

㊵尽：详尽，指颜回的上述言论对于"心斋"的理解，说得十分深透。

㊶樊：篱笆。感其名：为名利地位所动。

㊷入：采纳进谏。

㊸毒：通"纛"（dào），累积土石用作保卫门栏的土台，喻指索求门径的标的。

㊹一：心思高度集中。宅：这里用指心灵的位置。

㊺几：近。

㊻无行地：行走却不践地，喻指做了什么事都不留下痕迹。

㊼使：驱使。伪：假。

㊽有知知者：前者读zhì，智慧、才能之意。后者读zhi，意即认识、了解。

㊾瞻（zhān）：望。阕（què）：空虚。

㊿虚室：空灵的精神世界。

㈤止止：止于凝静的心境。

㊾坐驰：形体坐在那里而心理却驰骋于他处。

㊾徇：使。内通，向内通达。外：这里是排除的意思。心知：心智。

㊾纽：枢纽，关键。

㊾伏戏、几蘧（qú）：传说时代的远古帝王。终：到底，遵循始终。

㊾散焉者：指普通、平常的人。

纪老师说

颜回与孔子就出访卫国一事进行探讨。颜回向自己的老师孔子描述了一个暴君的形象：卫国国君不但残忍专制，而且独断专行。由此说明颜回将要出访的卫国，其所处世界的黑暗，生命的卑微。庄子一般所说的世界是指政治世界。尽管环境恶劣，但颜回依然义无反顾，并且相信自己是可以感动卫国国君的。颜回是一个充满希望并积极入世的人。他作为一种善的代表，把卫国国君看作恶的代表，希望借由自己的善可以去感化这种恶。正如孔子所说，借由自我的善来凸显他人的恶，无疑是做好了陷阱，让他人跳进去。面对一个暴君，你的贤德足以引发他的暴虐。面对这种情况，颜回作为一个贤德的救世者，可以学习桀王朝中的关龙逢和纣王朝中的比干，以身示警，做足忠臣的美名。但庄子认为，用死来表明忠心是一种极端的做法。因此，在故事的最后，颜回向孔子请教方法，孔子提出了"斋"，也就是斋戒清心。但这里所说的只是形体上的，和心灵无关。而庄子要的是心斋。

什么是心斋？我认为就是摒除杂念，使心境虚静纯一，而明大道。通俗地说就是打扫屋子里的杂物才可以在屋子里放更多的东西，放下只为更好地拿起。心斋就是心里完全虚静的状态，心里面没有任何的东西。既然庄子提出，解决目前困境的方法就是"心斋"。那就从自我本心而感悟，就是通过对本心的提炼提升，让心洞澈而灵明。

有这样一个故事：有一天，一个农夫打扫完马厩时，突然发现老婆送他的怀表不见了。由于这个怀表对他来说十分珍贵，于是马上又跑回马厩寻找，找了一段时间，几乎把马厩整个都翻遍了还是没有找到，农夫只好气馁地走出马厩。这时候他发现外面正有一群孩童在玩耍，于是他向那群孩童说，假如有谁能在马厩中找出他遗失的怀表，那个人便能得到五毛钱。于是孩童们一窝蜂地跑进马厩里寻找怀表。过了一段时间，孩童们走出马厩，都说没有找到怀表。此时农夫更加气馁与失望。

就在这时，农夫听到了一个声音："我可以再进去找一次吗？"一个孩童对他说。农夫觉得大家几乎把马厩翻遍了都找不到，怎么可能凭你一个人就找得到呢？但由于没有任何的利害关系，农夫还是答应了这位孩童。不到一会儿工夫，孩童走出马厩，他手里拿的正是农夫遗失的怀表。

农夫很惊讶地问他是怎么找到的？那个小孩回答："我进去之

后什么都没做,只是静静地坐在地上,慢慢地我听到了滴答滴答的声音,于是循着声音我找到了怀表。"

这个故事告诉我们,做事情一定要保持静心、克服浮躁,世界复杂变幻,心灵必须宁静。当你不断地努力工作时,你是否曾经静下心来,好好地想一想你所努力的方法及方向是不是正确呢?

《诫子书》是三国时期著名政治家诸葛亮临终前写给8岁儿子诸葛瞻的一封家书,成为后世历代学子修身立志的名篇。诸葛亮也是一位品格高洁、才学渊博的父亲,对儿子的殷殷教诲与无限期望尽在言中。"夫君子之行,静以修身,俭以养德。非淡泊无以明志,非宁静无以致远。夫学须静也,才须学也",通过这些智慧理性、简练谨严的文字,将普天下为人父者的爱子之情表达得如此深切。诸葛亮是在忠告孩子,宁静才能够修养身心,有所建树。

由此看来,保持内心的虚空与宁静,是做好一件事的重要前提。

原文

叶公子高将使于齐①,问于仲尼曰:"王使诸梁也甚重②,齐之待使者,盖将甚敬而不急,匹夫犹未可动,而况诸侯乎!吾甚慄之③。子常语诸梁也曰:'凡事若小若大④,寡不道以懽成⑤。事若不成,则必有人道之患⑥;事若成,则必有阴阳之患⑦。若成若不成而后无患者,唯有德者能之。'吾食也执粗而不臧⑧,爨无欲清之人⑨。今吾朝受命而夕饮冰,我其内热与⑩!吾未至乎事之情⑪,而既有阴阳之患矣;事若不成,必有人道之患。是两也,为人臣者不足以任之⑫,子其有以语我来!"

仲尼曰:"天下有大戒二⑬:其一命也,其一义也。子之爱亲,命也,不可解于心;臣之事君,义也,无适而非君也⑭,无所逃于天地之间。是之谓大戒。是以夫事其亲者,不择地而安之,孝之至也;夫事其君者,不择事而安之,忠之盛也⑮;自事其心者⑯,哀乐不易施乎前⑰,知其不可奈何而安之若命,德之至也。为人臣子者,固有所不得已。行事之情而忘其身,何暇至于悦生而恶生!夫子其行可矣!"

"丘请复以所闻：凡交近则必相靡以信⑱，远则必忠之以言⑲，言必或传之。夫传两喜两怒之言⑳，天下之难者也。夫两喜必多溢美之言㉑，两怒必多溢恶之言。凡溢之类妄㉒，妄则其信之也莫㉓，莫则传言者殃。故法言曰㉔：'传其常情，无传其溢言，则几乎全'㉕。且以巧斗力者㉖，始乎阳㉗，常卒乎阴㉘，泰至则多奇巧㉙；以礼饮酒者，始乎治㉚，常卒乎乱，泰至则多奇乐㉛。凡事亦然：始乎谅㉜，常卒乎鄙㉝；其作始也简，其将毕也必巨。"

"言者，风波也；行者，实丧也㉞。夫风波易以动，实丧易以危。故忿设无由㉟，巧言偏辞㊱。兽死不择音，气息茀然㊲，于是并生心厉㊳。剋核大至㊴，则必有不肖之心应之㊵，而不知其然也。苟为不知其然也，孰知其所终！故法言曰：'无迁令㊶，无劝成㊷，过度益也㊸'。迁令劝成殆事㊹，美成在久㊺，恶成不及改，可不慎与！且夫乘物以游心㊻，托不得已以养中㊼，至矣。何作为报也㊽！莫若为致命㊾，此其难者！"

注释

①叶公子高：楚庄王玄孙尹成子，名诸梁，字子高。使：出使。

②使诸梁：以诸梁为使。

③慄：恐惧。

④若：或者。

⑤寡：少。道：由，通过。懽："欢"字的异体字，今简作

"欢"。"欢成"：指圆满的结果。

⑥人道之患：人为的祸害，指国君的惩罚。

⑦阴：事未办成时的忧惧。阳：事已办成时的喜悦。这里是说忽忧忽喜而交集于心，势必失调以致病患。

⑧执粗：食用粗茶淡饭。臧：好。"不臧"指不精美的食品。

⑨爨（cuàn）：炊，烹饪食物。

⑩内热：内心烦躁和焦虑。

⑪情：真实。

⑫任：承担。

⑬戒：法。"大戒"指人生足以为戒的大法。

⑭适：往、到。

⑮盛：极点、顶点。

⑯自事其心：侍奉自己的心思，意思是注意培养自己的道德修养。

⑰施（yí）：移动，影响。

⑱靡（mō）：通"摩"，爱抚顺从的意思。

⑲忠之以言：用忠实的语言相交。

⑳两喜两怒之言：两国国君或喜或怒的言辞。

㉑溢：满，超出。"溢美之言"指过分夸赞的言辞。

㉒妄：虚假。

㉓莫：薄。"信之也莫"意思是真实程度值得怀疑。

㉔法言：古代的格言。

㉕全：保全。

㉖斗力：相互较力，犹言相互争斗。

㉗阳：指公开地争斗。

㉘卒：终。阴：指暗地里使计谋。

㉙泰至：大至，达到极点。奇巧：指玩弄阴谋。

㉚治：指合乎常理和规矩。

㉛奇乐：放纵无度。

㉜谅：取信，相互信任。

㉝鄙：恶，欺诈。

㉞实丧：得失。

㉟设：置，含有发作、产生的意思。

㊱巧：虚浮不实。偏：片面的。

㊲萆（bó）：通"勃"；"萆然"，气息急促的样子。

㊳厉：狠虐；"心厉"，指伤害人的恶念。

㊴剋：ˮ克ˮ字的异体字。"剋核"，即苛责。

㊵不肖：不善，不正。

㊶迁：改变。

㊷劝：勉力；这里含有力不能及却勉强去做的意思。

㊸益：添加。

㊹殆：危险。"殆事"犹言"坏事"。

㊺美成：美好的事情要做成功。

㊻乘物：顺应客观事物。

㊼中：中气，这里指神智。

㊽作：作意。大意是何必为齐国作意其间。

㊾为致命：原原本本地传达国君的意见。

纪老师说

唐朝有一个著名的高僧叫慧宗禅师，他特别喜欢兰花，于是带着一群小和尚辛勤地栽培。第二年春天，山上开满了兰花，小和尚们都高兴得合不拢嘴。不料一场暴风雨之后，满山的兰花被乱七八糟地打倒在稀泥里，花朵撒了一地。

小和尚们看到眼前的景象，都忐忑不安地等待高僧的数落，哪知高僧却平心静气地说："我栽花是为了寻找爱好和乐趣，而不是得到愤怒和埋怨。"小和尚们顿时醍醐灌顶，不由自主对高僧宽广的胸怀感到钦佩。

不是吗？只要我们将那些快乐的兰花栽种于心田，就等于拥有了兰心蕙质，我们的心境一定会盈满幸福与快乐，安详与宁静的。

譬如文中孔子的观点：注重自我修养的人，悲哀和欢乐都不容易使他受到影响，知道世事艰难，无可奈何却又能安于处境、顺应自然，这就是道德修养的最高境界。

文章叙述的第二个故事，说的是叶公子高出使齐国。虽然是君主授命，但他也可以推辞。只是作为一个忠君爱民的臣子，"夫事其君者，不择事而安之，忠之盛也。"更何况在国家大事上，君王是不会从臣子的角度考虑。在政治局势不恶化的情况下，出使他国且没有生命的威胁，他担心的也不过是无法完成君王的嘱托。文中叶公子高很清楚出使的结果，倘若没有完成使命，必定会受到君主的责罚；倘若有幸不辱命，必定受到忧喜参半的折磨。在文中，叶公子高还未出使齐国，已经被这种忧喜交加的情绪所影响。其实叶公子高的出使是君主授命，未来是无法掌握的。因此孔子告诫他，在这个世间，很多事情都不会顺其心意，也是无法逃避和选择的。作为子女，理应孝顺父母；作为臣子，应当精忠报国。不管遇到什么样的困难和逆境，都不能影响尽忠的道路。并让叶公子高向那些注重德行修养的人学习，时刻保持内心的平静，不受任何外界因素的干扰，尽力完成自己的任务。

叶公子高作为一个使者，不能选择拒绝，还要努力完成。在完成使命的过程中还要保证生命不受胁迫。文中提到"巧"，也许我们以为这样就能渡过难关，但暂时的侥幸并不能阻止危险的到来。最好的办法就是放弃所有的幻想，不去计较使命的成功与否，也不去计较生命的结果，将自己交给这个世界，尽管这是一种不得已的做法。

2014年，黄渤主演的电影《心花路放》《痞子英雄之黎明再起》《亲爱的》，包揽大陆票房前三名，让他获封"50亿帝"。2014年12月出席谍战剧《锋刃》记者会时，他则借机向外界宣布从现在到明年没有接任何戏，身体感到有些疲惫，加上欠缺时间陪伴家人，打算休息一年，好好静静心，与家人聚聚。在演艺圈，脸就是吃饭的资本，可是刚出道的黄渤其貌不扬，但是他并不沮丧，反而能静心面对，扬长补短，他在《疯狂的石头》中那夸张的面部表情，带着浓重乡音的普通话和浑身散发出的倒霉劲儿让他赢得了观众的喜爱，最终黄渤凭借自己的努力获得了影迷的喜爱，他在大红的时候，自己也并没有骄傲，而是能适时调整，保持宁静的心态，不过分计较成功能获取多少。

人这一辈子，改变成命或者强人所难都是危险，成就一桩好事要经历很长的时间，有些事情一旦做出，悔改是来不及的。那么，一个人的行为处世能不审慎吗！至于顺应自然而使心志自在遨游，一切都寄托于无可奈何以养蓄神智，这才是最好的办法。

纪连海谈 **庄子**

原文

颜阖将傅卫灵公大子①，而问于蘧伯玉曰②："有人于此，其德天杀③。与之为无方④，则危吾国；与之为有方，则危吾身。其知适足以知人之过⑤，而不知其所以过⑥。若然者，吾奈之何？"

蘧伯玉曰："善哉问乎！戒之慎之，正女身也哉！形莫若就⑦，心莫若和⑧。虽然，之二者有患⑨。就不欲入⑩，和不欲出⑪。形就而入，且为颠为灭⑫，为崩为蹶⑬。心和而出，且为声为名⑭，为妖为孽⑮。彼且为婴儿，亦与之为婴儿；彼且为无町畦⑯，亦与之为无町畦；彼且为无崖⑰，亦与之为无崖。达之⑱，入于无疵⑲。"

"汝不知夫螳螂乎？怒其臂以当车辙⑳，不知其不胜任也，是其才之美者也㉑。戒之，慎之！积伐而美者以犯之㉒，几矣㉓。汝不知夫养虎者乎？不敢以生物与之㉔，为其杀之之怒也㉕；不敢以全物与之，为其决之之怒也㉖。时其饥饱，达其怒心㉗。虎之与人异类而媚养己者㉘，顺也；故其杀者，逆也㉙。

夫爱马者，以筐盛矢㉚，以蜄盛溺㉛。适有蚊虻仆缘㉜，而拊之不时㉝，则缺衔毁首碎胸㉞。意有所至而爱有所亡㉟，可不慎邪！"

注释

①颜阖：鲁国的贤人。傅卫灵公大子：给卫灵公太子做师傅。大（tài）子：太子。

②蘧（qú）伯玉：卫国的贤大夫，名瑗，字伯玉。

③天杀：生就的凶残嗜杀。

④与之：朝夕与共的意思。方：法度、规范。

⑤其知（zhì）：他们的智慧。

⑥而不知其所以过：却不知道人们为什么出现过错。

⑦形：外表；与下句"心"相对文。就：靠拢，亲近。

⑧和：顺，含有顺其本性的意思，近似于疏导的含意。

⑨之：这。

⑩入：关系太深。

⑪出：超出，过于显露。

⑫颠：仆倒，坠落。

⑬崩：毁坏。蹶：失败，挫折。

⑭为（wèi）：为了。

⑮孽（niè）：灾害。

⑯町（tǐng）畦（qí）：田间的界路，喻指分界、界线。

⑰崖：山边或岸边，"无崖"喻指无边，没有约束。

⑱达：通达，指通过疏导与卫太子思想相通，逐步地使他走上

正途。

⑲疵：病，这里指行动上的过失。

⑳怒：奋起。当：阻挡。辙：车轮行过的印记。"车辙"犹言"车轮"。

㉑是其才之美："以其才之美为是"，即自恃才能太高。

㉒积：长期不断地。伐：夸耀。而：你。

㉓几：危险。

㉔生物：活物。

㉕为其杀之之怒也：唯恐它扑杀活物时而诱发残杀生物的怒气。

㉖决：裂，撕开。

㉗达：通晓、了解。

㉘异类：不同类。媚：喜爱。

㉙逆：反，触犯。

㉚矢：屎，粪便。

㉛蜄（shèn）：大蛤，这里指蛤壳。溺：尿。

㉜蚉蝱："蚉""蝱"两字之异体字，即牛虻。仆缘：附着，指叮在马身上。

㉝拊（fǔ）：拍击。

㉞衔：马勒口，"缺衔"指咬断了勒口。首：辔头，"毁首"指挣断了辔头。

㉟亡：失。

纪老师说

第三个故事说的是颜阖被请去做卫国太子师傅。但是颜阖对于即将到来的处境充满了恐惧。他很清楚自己即将教导的太子是何等的残暴。卫太子嗜杀成性，如何教导成为颜阖的难题。既要保护自身性命不受侵害，又要保证不会影响到自己的国家。实际上，面对这样一个残暴不仁的卫太子，无论颜阖如何小心翼翼，谨慎思谋，他的内心将始终活在担惊受怕以及忧虑之中，而他也无法保证自己的生命安全。面对一个残暴之人要如何安身立命呢？蘧伯玉的回答是，恐惧之中的谨慎是应该的。你要小心自己的反应，不能过头。

而庄子也就此提出"行就心和"的状态，也就是说要随机应变。这个人怎么做，你也怎么做。这并不是说要拿一个规矩来束缚自己。我的心是没有任何坚持的，任何外在的变化都不足以动摇我的内在之和。但是也许有人不想去迁就，觉得会委屈自己。但如此做法正如螳臂当车，尽管它想阻止巨大的车轮，却无能为力，车轮还是不断前进的，而螳螂也付出了自己的生命。

庄子借这件事是想提醒那些拥有德行或者知识而沾沾自喜的人，不要恃才傲物。正所谓知己知彼，我们所要了解的不仅仅是自身，还有这个世界。而谨慎小心就是要顺从，诚然正如养虎人是不会刺激老虎的一样。君主就好比老虎，唯有小心不要让他发怒。顺从，不要和他对着干。尽管你这么做是出于忠心，可是君主未必会考虑到这一点。爱马者的例子就验证了这一点：一只牛虻叮在马身上，爱马之人不过是出于怜爱之心随手一拍，却没想到会让马受惊，甚至会主动反击，认为这是对自己的袭击。你爱某个人，可是这个人愿意接受你的爱吗？或者会理解你的爱吗？就像寓言中的马，就不会理解为它驱除蚊蝇之人的爱心和善意。

当然，感觉自己怀才不遇，抱负难以施展之时，我们也不能就此沉沦，孔子也曾遭遇狼狈与不受待见，说过自己是"丧家犬"，但他仍然坚持自己的"仁爱"主张和观点，成就了圣人的成就。

人要学会调和自己，学会审时度势。顺应时局不是坏事，在顺应中，如果还能调整心态，保持自己清醒的头脑，尽最大所能做一些事情，那就善莫大焉了。

西汉天汉二年（公元前99年），李陵出击匈奴，兵败投降，汉武帝大怒。司马迁为李陵辩护，得罪了汉武帝，获罪被捕，被判宫刑。"人固有一死，或重于泰山，或轻于鸿毛，用之所趋异也。"为了完成父亲遗愿，完成《史记》留与后人，司马迁含垢忍辱，忍受酷刑。公元前96年获赦出狱，做了中书令，掌握皇帝的文书机要。他发愤著书，全力写作《史记》，大约在他55岁那年终于完成了全书的撰写和修改工作。

《史记》对后世史学和文学的发展都产生了深远影响。其首创的纪传体编史方法为后来历代"正史"所传承。《史记》还被认为是一部优秀的文学著作，在中国文学史上有重要地位，被鲁迅誉为"史家之绝唱，无韵之《离骚》"。

综上所述，以庄子的观点来说，怎样才能应付艰难的世事呢？首先提出要"心斋"，即"虚以待物"；其次提出要"知其不可奈何而安之若命"；最后提出要"正女身"，并"形莫若就"，"心莫若和"。归结到一点仍旧是"无己"。

"无己"，是一种人生大境界！

纪连海谈 庄子

原文

匠石之齐①，至于曲辕，见栎社树②。其大蔽数千牛，絜之百围③，其高临山④，十仞而后有枝⑤，其可以为舟者旁十数⑥。观者如市，匠伯不顾⑦，遂行不辍⑧。弟子厌观之⑨，走及匠石⑩，曰："自吾执斧斤以随夫子⑪，未尝见材如此其美也。先生不肯视，行不辍，何邪？"曰："已矣⑫，勿言之矣！散木也⑬，以为舟则沈⑭，以为棺椁则速腐⑮，以为器则速毁，以为门户则液樠⑯，以为柱则蠹⑰。是不材之木也，无所可用，故能若是之寿⑱。"

匠石归，栎社见梦曰⑲："女将恶乎比予哉⑳？若将比予于文木邪㉑？夫柤梨橘柚㉒，果蓏之属㉓，实熟则剥㉔，剥则辱㉕；大枝折，小枝泄㉖。此以其能苦其生者也㉗，故不终其天年而中道夭，自掊击于世俗者也㉘。物莫不若是。且予求无所可用久矣，几死，乃今得之，为予大用㉙。使予也而有用，且得有此大也邪？且也若与予也皆物也，奈何哉其相物也㉚？而几死之散人㉛，又恶知散木！"

匠石觉而诊其梦㉜。弟子曰："趣取无用㉝，则为社何邪㉞？"曰："密㉟！若无言！彼亦直寄焉㊱，以为不知己者诟厉也㊲。不为社者，且几有翦乎㊳！且也彼其所保与众异，而以义喻之㊴，不亦远乎!"

> **注释**

①匠石：名叫"石"的匠人。之：往。

②栎（lì）：树名。社：土神。

③絜（xié）：用绳子计量周围。围：周长一尺。

④临山：接近山巅。

⑤仞：八尺。

⑥旁：通"方"，且：将的意思。

⑦匠伯：匠石。"伯"这里用指工匠之长。

⑧辍（chuò）：中止，停。

⑨厌：（餍）：满足。

⑩走：跑。及：赶上。

⑪斤：斧之一种，后称"锛"，即横口斧。

⑫已：止。"已矣"犹言"算了"。

⑬散木：指不成材的树木。

⑭以为："以之为"，把它做成。沈（chén）：同"沉"。

⑮椁（guǒ）："槨"字的异体字，指棺外的套棺。

⑯户：单扇的门。液：浸渍。樠（mán）：松木心。

⑰蠹（dù）：蛀蚀。

⑱若是之寿：像这样的长寿。

纪连海谈

⑲见（xiàn）：拜见。

⑳比：比并，相提并论。

㉑文：纹理，这个意义后代写作"纹"。

㉒柤（zhā）：楂。

㉓蓏（luǒ）：瓜类植物的果实。属：类。

㉔实：果实。剥：用器物轻轻打落在地。

㉕辱：屈；意思是果树摘落果实后枝干就随意受人摧残。

㉖泄（yè）：通"抴"；"抴"亦写作"拽"，用力拉的意思。

㉗以：因。

㉘掊（pǒu）：打。

㉙为予大用：这里隐含有"积无用而为大用"的哲理。

㉚相：看待。

㉛散人：不成材的人，相对"散木"说的。

㉜诊：通"畛"，告诉。

㉝趣：意趣。

㉞为社何：为什么做社树而让世人供奉。

㉟密：默，犹言"闭嘴"。

㊱直：通"特"，仅，只的意思。

㊲诟厉：辱骂、伤害。

㊳翦（jiǎn）：斩伐。

㊴义：常理。喻：了解。

原文

　　南伯子綦游乎商之丘①，见大木焉有异，结驷千乘②，隐将芘其所藾③。子綦曰："此何木也哉？此必有异材夫！"仰而视其细枝，则拳曲而不可以为栋梁④；俯而视其大根，则轴解而不可以为棺椁⑤；咶其叶⑥，则口烂而为伤；嗅之，则使人狂酲⑦，三日而不已⑧。

　　子綦曰："此果不材之木也，以至于此其大也。嗟乎神人⑨，以此不材⑩！"宋有荆氏者⑪，宜楸柏桑。其拱把而上者⑫，求狙猴之杙者斩之⑬；三围四围⑭，求高名之丽者斩之⑮；七围八围，贵人富商之家求樿傍者斩之⑯。故未终其天年，而中道之夭于斧斤，此材之患也。故解之以牛之白颡者与豚之亢鼻者⑰，与人有痔病者不可以适河⑱。此皆巫祝以知矣⑲，所以为不祥也⑳。此乃神人之所以为大祥也。

注释

①南伯子綦：人名，庄子寓言中人物。商之丘：即商丘，地名。

②驷（sì）：一辆车套上四匹马。

③芘（pí）：通"庇"，荫庇的意思。藾（lài）：荫蔽。

④拳曲：弯弯曲曲的样子。

⑤轴：指木心。解：裂开。"轴解"意思是从木心向外裂开。椁："椁"字的异体，外棺。

⑥咶（shì）：通"舐"，用舌舔。

⑦酲（chéng）：酒醉。

⑧已：止。

⑨嗟乎：感叹声。

⑩以：如，这个意义后代写作"似"。

⑪荆氏：地名。

⑫拱：两手相合。把：一手所握。

⑬杙（yì）：小木桩，用来系牲畜的。斩：指砍伐。

⑭围：两臂合抱的长度。

⑮高名：指地位高贵名声显赫的人家。

⑯樿（shàn）傍：指由独幅做成的棺木左右扇。

⑰解之：指祈祷神灵以消灾。颡（shāng）：额。亢：高；"亢鼻"指鼻孔上仰。

⑱适：沉入河中以祭神。

⑲巫祝：巫师。

⑳以为：认为。

原文

支离疏者①，颐隐于脐②，肩高于顶，会撮指天③，五管在上④，两髀为胁⑤。挫鍼治繲⑥，足以糊口；鼓筴播精⑦，足以食十人。上征武士⑧，则支离攘臂而游于其间⑨；上有大役，则支离以有常疾不受功⑩；上与病者粟，则受三钟与十束薪⑪。夫支离其形者，犹足以养其身，终其天年，又况支离其德者乎？

注释

①支离疏：假托的人名。

②颐：下巴。脐：肚脐。

③会撮：发髻。因为脊背弯曲，所以发髻朝天。

④五管：五官。旧说指五脏的腧穴。

⑤髀（bì）：股骨，这里指大腿。

⑥鍼（zhēn）："针"字的异体字。"挫鍼"即缝衣。繲（xiè）：洗衣。

⑦鼓：簸动。筴：小簸箕。

⑧上：指国君、统治者。

⑨攘（rǎng）：捋。"攘臂"指捋起衣袖伸长手臂。

⑩以：因。常疾：残疾。功：通"工"，指劳役之事。

⑪钟：古代粮食计量单位。

原文

孔子适楚①，楚狂接舆游其门曰②："凤兮凤兮③，何如德之衰也④！来世不可待，往世不可追也。天下有道⑤，圣人成焉⑥；天下无道，圣人生焉。方今之时，仅免刑焉。福轻乎羽⑦，莫之知载⑧；祸重

乎地，莫之知避。已乎已乎⑨。临人以德！殆乎殆乎，画地而趋⑩！迷阳迷阳⑪，无伤吾行！吾行郄曲⑫，无伤吾足。"

山木自寇也⑬，膏火自煎也⑭。桂可食⑮，故伐之；漆可用，故割之。人皆知有用之用，而莫知无用之用也。

注释

①适：往。

②楚狂接舆：楚国的隐士，姓陆名通，接舆为字。

③凤：凤鸟，这里用来比喻孔子。

④何如：如何，怎么。之：往。

⑤有道：指顺应规律使社会得到治理。

⑥成：指成就了事业。

⑦乎：于，比。

⑧莫：不。载：取。

⑨已矣：算了。

⑩画地：在地面上画出道路来。

⑪迷阳：指荆棘。

⑫郄（xì）曲：屈曲，指道路曲折难行。

⑬寇：侵犯，掠夺。

⑭膏：油脂。

⑮桂：树名，其皮可作香料。

纪老师说

古代塞北一老汉家的马跑到长城外面胡人那边去了，乡亲们替他难过，都来安慰他，他说这件事不一定是坏事。几天后，走失的马带领着一群胡人的骏马回来了，人们都去祝贺他，老翁却认为这不一定是好事。他家里有很多好马，他儿子喜欢骑着玩，有一天，儿子因骑胡马摔断了腿，人们都来安慰他，他却认为不是坏事，后来，老汉的儿子因腿伤而躲过了战祸。

虽然暂时受了损失，但也可能因此得到一些意外的好处。这个故事由此引申出一个道理——塞翁失马，焉知非福。

庄子在《人世间》中，也间接地揭示了这个道理。

人世间，往往拿是否实用当作权衡价值的唯一标准。人们认为，有直接而实际的效用的事物有价值；没有直接而实际效用的没有价值。孰不知许多东西的用处虽是间接而不显著，然而其重要性却远超过了那些有直接效用之物。庄子虽然没有指出什么东西比实用技术重要，但是他揭露了一般人的急功好利，目光短浅，而只知斤斤计较于眼前的事物，于是，站在实用本身的立场，他阐明了"无用之用"的重要意义。

在这样动荡的世界中，庄子发现人需要退却才能找到一个存身之地。因此，文章的第二部分就是从"心"，通过寓言阐述了庄子对处世形而上的观点。在"匠石之齐"的寓言中，不管从木材本身来看，还是匠人的角度来看，栎社树都是无用的。做船会沉，做棺材会腐烂，做器皿损坏得很快，做屋子肯定会因为被虫蛀而倒塌。栎社树的"无用"是自己求来的，是自我的一种选择。"使予也而有用，且得有此大也邪？"栎社树的这种发问，其实也是庄子在向世人表达自己为何要退却以及选择无用的缘由。既然"无用"可以保全自己，何乐而不为呢？

为了验证"无用"之论。庄子还举了南伯子綦和支离疏的故事，进一步表明自己的观点。材之大小虽不同，但都可以为人所用，从而"中道夭于斧斤"。既而又提到了有残疾的动物和人，奉献给神灵的动物正是因为残疾不能用于祭祀，才得以保全生命。而支离疏作为一个残疾人，世人都觉得其丑陋而无用。但恰恰就是这样的人不用服役，反而可以接受国家的照顾，得以长寿。

当然，孔子肯定不是说我们都要做一个残疾之人。王博曾在《庄子哲学》中说："他只是觉得如果在形体上的无用可以得到这么多的好处，如果我们拥有的是一颗无用之心呢？拥有了无用之心，纵然形体完整，也是无用的。因为他没有看到用于世的愿望。所以，比支离其形更重要的，庄子要支离其德。他要打散心中郁积的所谓道德、知识等，使其一归于无。他要做的是一个散人，而不是材人。如此，则有用之心全无，无用之用顿显。"世俗对于能者的排挤与打击，实在是无所不用其极。庄子在这里警醒能人贤士，眼光要看得深远，不应急于显露自己的才能，更不可恃才傲物。否则，除了惹人嫉妒之外，也会被人利用而成牺牲品。自我的显现或炫耀，有可能会导致自我的毁灭。庄子强调"无用"，并不是为一切"废物"辩护，也不是表现颓废自我放弃的心境。是为了提醒才智之士不可急功近利而为治者所役用，否则后患便无穷。庄子觉察到贤者多是怀才不遇的，因而往往陷于悲观或悲愤，于是发挥"无用之用"的旨意，以拯救能者的危机。

楚狂接舆的歌可以看出接舆内心对有道之世的渴望。我们还能从中体味到庄子执着的呼唤和寻找人世间可以生存的空间。我们必须学会在荆棘满地的道路上前行，寻找安身立命之所。和当下的世界保持一定的距离，保证自我的生命不受到威胁，也可以保证自我可以承担必须要承担的责任。贤者圣人生存于世，所遇往往坎坷。在政治世界中，君主的残暴以及权利的压迫，有才能的人往往得不到重用，甚至会遭到残酷的迫害。在这种情况下，唯有保全生命，这并不是刻意地回避救世的责任，而是在环境极端恶劣的条件之下不得已而为之的。

在文章的末尾，庄子引用了树木、油脂等例子，进一步表达以"无用"作"有用"。山上的树木因为材质可用而导致被人砍伐，油脂用于烛火皆因可以燃烧照明而导致煎熬。桂树皮可以用来食用，因此遭到砍伐，树漆有用，才会遭受刀斧割裂。人们都知道有用的用处，却不懂得无用的更大用处。因为这个无道的世界，它让有用的人失去了展示才能的机会，于是只能收敛智慧，使有用归于无用。

"无用"之用决定了庄子"虚无"的人生态度，但也充满了辩证

法,有用和无用是客观的,但也是相对的,而且在特定环境里还会出现转化。所以,做人要学会韬光养晦,暂避锋芒。眼前貌似无用,很可能只是为了积蓄,为了沉淀,为了更好地发挥其大作用。

德充符

原文

鲁有兀者王骀①，从之游者与仲尼相若。常季问于仲尼曰②："王骀，兀者也。从之游者与夫子中分鲁③。立不教，坐不议；虚而往，实而归。固有不言之教，无形而心成者邪④？是何人也？"仲尼曰："夫子，圣人也，丘也直后而未往耳⑤。丘将以为师，而况不若丘者乎！奚假鲁国⑥！丘将引天下而与从之。"

常季曰："彼兀者也，而王先生⑦，其与庸亦远矣⑧。若然者，其用心也独若之何⑨？"仲尼曰："死生亦大矣，而不得与之变，虽天地覆坠，亦将不与之遗⑩。审乎无假而不与物迁⑪，命物之化而守其宗也⑫。"常季曰："何谓也？"仲尼曰："自其异者视之，肝胆楚越也⑬；自其同者视之，万物皆一也⑭。夫若然者，且不知耳目之所宜⑮，而游心乎德之和⑯；物视其所一而不见其所丧⑰，视丧其足犹遗土也⑱。"

常季曰："彼为己以其知⑲，得其心以其心⑳。得其常心㉑，物何为最之哉㉒？"仲尼曰："人莫鑑于流水而鑑于止水㉓，唯止能止众止㉔。受命于地㉕，唯松柏独也正在冬夏青青；受命于天，唯舜独也

纪连海谈 **庄子**

正,幸能正生㉖,以正众生。夫保始之征㉗,不惧之实;勇士一人,雄入于九军㉘。将求名而能自要者㉙,而犹若是,而况官天地㉚,府万物㉛,直寓六骸㉜,象耳目㉝,一知之所知㉞,而心未尝死者乎!彼且择日而登假㉟,人则从是也。彼且何肯以物为事乎㊱!"

> **注释**

①兀:通作"跀"(yuè),断足的刑法。王骀(tái):假托的人名。

②常季:鲁国贤人,传说为孔子弟子。

③中分鲁:在鲁国平分,意思是在鲁国彼此间差不多,不分上下。

④无形:不具有完整的形体。心成:内心世界达到成熟的境界。

⑤直:通"特",仅、只的意思。后:落在对方的后面。

⑥奚:何。假:已,只。

⑦王:突出、超过的意思。

⑧庸:平庸,这里指平常的人。

⑨若之何:如何,怎么样。

⑩遗:失。

⑪审:明悉,通晓。假:凭依。

⑫命:任。"命物之化"就是听任事物的变化。宗:本,主旨。

⑬肝胆楚越:喻指邻近的肝胆同于一体之中,像楚越那样相去甚远。

⑭一：同一，一样的。

⑮耳目之所宜：指适宜于听觉、视觉的东西。

⑯游心：使心灵自由驰骋遨游。和：混同。

⑰听一：同一的方面。所丧：失去而引起差异的一面。

⑱遗土：失落土块。

⑲为己：修己。知（zhì）：智慧。

⑳得其心以其心：以其心得其心，大意是，用自己的心智去求取自己的理念。

㉑常心：真常之心，即忘知忘觉，无思无虑的心境。

㉒物：外物，这里指众多的门徒。何为：为何，为什么。最：聚集。

㉓鑑："鉴"字的异体字，照看，审察的意思。

㉔唯止能止众止：唯有静止之物方能照人，方能使别的什么东西也静止下来。

㉕以下四句有的版本为六句："受命于地，唯松柏独也正，在冬夏青青；受命于天，唯尧舜独也正，在万物之首"。

㉖正生：正己，指端正自己的品行。下句"正众生"即端正他人的品行。

㉗始：本初之态。征：迹象。

㉘九：非实数，"九军"犹言千军万马。

㉙要：通"徼"，求取的意思。

㉚官：主宰。

㉛府：包藏。

㉜寓六骸：把自身的躯体当作寓所。

㉝象：表象。

㉞一知：自然赋予的智慧。

㉟假：通"格"，陟升的意思。

㊱冝："肯"字之古本字。

原文

申徒嘉，兀者也，而与郑子产同师于伯昏无人①。子产谓申徒嘉曰："我先出则子止②，子先出则我止。"其明日，又与合堂同席而坐。子产谓申徒嘉曰："我先出则子止，子先出则我止。今我将出，子可以止乎，其未邪③？且子见执政而不违④，子齐执政乎⑤？"申徒嘉曰："先生之门，固有执政焉如此哉⑥？子而说子之执政而后人者也⑦？闻之曰：'鉴明则尘垢不止，止则不明也。久与贤人处则无过。'今子之所取大者⑧，先生也，而犹出言若是，不亦过乎？"子产曰："子即若是矣，犹与尧争善，计子之德不足以自反邪？"申徒嘉曰："自状其过以不当亡者众，不状其过以不当存者寡。知不可奈何而安之若命，唯有德者能之。游于羿之彀中，中央者，中地也，然而不中者，命也。人以其全足笑吾不全足者多矣，我怫然而怒；而适先生之所，则废然而反⑨。不知先生之洗我以善邪⑩？吾与夫子游十九年矣⑪，而未尝知吾兀者也。今子与我游于形骸之内⑫，而子索我于形骸之外⑬，不亦过乎？"子产蹴然改容更貌曰⑭："子无乃称⑮！"

注释

①郑子产：郑国的大政治家。伯昏无人：假托的人名。

②止：停止，留下。

③其：还是、抑或。

④执政：子产曾是郑国执政大臣，故有此说。违：回避。

⑤齐：向……看齐。

⑥固：岂。

⑦说（yuè）：通"悦"，喜悦。后人：以别人为后，含有瞧不起别人的意思。

⑧大者：这里指广博精深的见识。

⑨废然：怒气消失的样子。

⑩洗我以善：即以善洗我，用善道来教诲我。

⑪夫子：指伯昏无人。

⑫形骸之内：指人的精神世界。

⑬形骸之外：指人的外在形体。索：要求。

⑭蹴（cù）然：恭敬不安的样子。

⑮乃：仍。称：说。

纪连海谈

原文

鲁有兀者叔山无趾，踵见仲尼①。仲尼曰："子不谨，前既犯患若是矣。虽今来，何及矣②！"无趾曰："吾唯不知务而轻用吾身③，吾是以亡足。今吾来也，犹有尊足者存④，吾是以务全之也⑤。夫天无不覆⑥，地无不载，吾以夫子为天地，安知夫子之犹若是也！"孔子曰："丘则陋矣⑦。夫子胡不入乎，请讲以所闻！"无趾出。孔子曰："弟子勉之！夫无趾，兀者也，犹务学以复补前行之恶，而况全德之人乎⑧！"

无趾语老聃曰⑨："孔丘之于至人，其未邪？彼何宾宾以学子为⑩？彼且蕲以諔诡幻怪之名闻⑪，不知至人之以是为己桎梏邪⑫？"老聃曰："胡不直使彼以死生为一条⑬，以可不可为一贯者⑭，解其桎梏，其可乎？"无趾曰："天刑之⑮，安可解！"

注释

①踵：脚后跟，这里指用脚后跟走路。

②何及：怎么赶得上。

③不知务：犹言不通晓事理。

④尊足：尊于足，"尊足者"指道德修养。

⑤务：务求，努力做到。

⑥无：莫名，没有什么。

⑦陋：浅薄固陋。

⑧全德：保全了道德修养。

⑨老聃（dān）：老子，姓李，名聃。

⑩宾宾：频频。

⑪蕲（qí）：求。

⑫桎梏：古代刑具，喻指束缚自己的工具。

⑬一条：一致，一样的。

⑭贯：通。

⑮刑：惩罚。

纪老师说

不知为什么，我一读这篇文章，就想起法国文学家维克多·雨果在《巴黎圣母院》塑造的加西莫多这一人物形象。

加西莫多是一个文学史上独一无二的教堂敲钟人。他独眼、驼背、罗圈腿，而且还是个聋子，可以说是奇丑无比。但他却有着一颗善良的心，因副主教对他的养育之恩而甘心成为他的奴仆，为报答吉卜赛女郎爱斯梅拉达的滴水之恩而宁愿肝脑涂地。尽管他对爱斯梅拉达怀有极为强烈的爱慕之情，却只是像守护神一样守护着她，不去亵渎她。当目睹心中的爱人被无情地处以绞刑，他无助而又绝望，最终到墓地去与她同葬一穴。他的丑，在文学作品中达到了极致，而在他身上表现出的深刻的人性美，却使他成为文学史上最独特又最感人至深的艺术形象。他的心灵美已完完全全地掩盖了他外表的缺陷，成了

人们心目中善良的楷模。

之所以想起加西莫多,是因为庄子的这一篇章,一直在描述一群形象欠佳的人。他不但写了被砍掉一只脚的王骀和申徒嘉,写到了同样遭遇的叔山无趾,而且在后文写到了面貌十分丑陋的哀骀它,写到了一个跛脚、伛背、缺嘴的人。

有意思的是,庄子笔下的这个群体,跟雨果笔下的加西莫多是有相似之处的,都是形体上虽然有残缺,道德上却是可圈可点的。所以,我高度怀疑雨果先生是不是在偷偷看了《庄子》之后,才下定决心写《巴黎圣母院》的。

文章通过对季常和孔子关于得道者王骀的讨论,阐述了以道观物的观点。王骀并没有因其缺少一只脚不同于常人而自觉有所丧失。说明道不仅可以让人不再患得患失,还会让人散发出超凡的魅力,而赢得社会声望,桃李芬芳,连孔子也要拜他为师。

在关于兀者申徒嘉与既健全又有高贵身份的郑国执政子产的对话中,申徒嘉在一个形容人生在世的命运中,有一个栩栩如生的比喻典故:"游于羿之彀中",即活动在中心位置,正是箭能射中的地方,射不中,那就是命运。从中表达出具有"知其不可奈何,而安之若命"的行世理念。他虽遭刑罚却不以为辱,安顺天命,终获心灵之平静,淡泊安然。而子产却羞于与身有残疾且社会地位低于自己的申徒嘉为伍,斤斤计较形骸以外的高低之别,不能以平等之心待人,最终自觉形惭。

在借畸形之人叔山无趾和孔子的对话中，可知叔山无趾虽已失足，然其"犹有尊足者存"的道德远比形体尊贵。而孔子将其注意力停留在人之形骸的待人观念是"彼且蕲以諔诡幻怪之名闻"。这样，不得精神自由，是上天予其刑罚。此处所说的"天刑"，是指人在精神上的痛苦，是指一个人被名利捆绑，内心所受的刑罚就是"天刑"，孔子就是其中之一。

以上三个寓言，庄子都在说明"天刑之，安可解"是也，为什么？只是被外物所滞！

庄子在这里所描绘的残疾人形象，并不同于书中的"至人""神人""真人"，这些庄子理想人格的化身，能够不食五谷，不眠不休，泯物我、同生死、齐是非，完全是一些超世甚至超宇宙的方外之人。而残疾人就不同，他们是一些游于方内之人，其残疾本身的原因，一方面除了天生外，另一方面就是跟社会周旋的结果。庄子生活的年代是一个诸侯混战、民生凋敝的乱世。乱世意味着权谋，尤其是居高位者，其显赫的地位和阴暗的内心形成了鲜明的对比。庄子在这里反其道而行之，塑造了这些身残却德全之人，给了追名逐利者以莫大的反讽。这些身残之人虽然"无人君之位以济乎人之死，无聚禄以望人之腹，又以恶骇天下"，但却以德之芳馨感染着世人。形体丑而心灵美，便是庄子所创造的一种独特的理想人物，说明畸人必定有着独特的性格魅力。他们无视这种残缺，或者说在精神上超越了这种残缺，使他们的生命展现出一种独特的吸引力。相比之下，作为普罗大

众的平凡人大都身体健全,却也或多或少地在道德上存在着缺陷,在庄子看来,这些德的缺失才造成了真正的畸人。

从另外一个角度来看,古往今来,凡成大事业者都能够清楚地认识到自己成功的原因所在,而不是沉醉于一时的名利,扬扬自得。他们知道荣誉和赞美往往容易让人迷失方向,所以,他们面对荣誉和赞美的时候,是冷静而谦虚的,正是因为有了能够正确对待他人赞扬的态度和谦逊好学的精神,才达到了别人所达不到的理想境界。

这样的人,仍旧在我们身边大量出现。

比如,出生于山东济宁的著名词作家乔羽,他创作的作品推出了一批歌唱家;党和国家鉴于他的卓越贡献,批准授予乔羽"终身不退休的艺术家"称号。乔羽对名利看得很淡。他时常用这样三句话自勉:"不为时尚所惑,不为积习所蔽,不为浮名所累。"他还曾写下过一首无题诗,抒发其"百年心事归平淡"的心曲:沧海桑田,白云苍狗,历史是一个古怪的老头。他要留下的谁也无法赶走,他要送走的谁也无法挽留。

再比如居里夫人,她发现了钋和镭两种化学元素,成为放射性化学和物理的奠基人,但她被那些无休止且无聊的应酬搞得头晕目眩,她意识到生活完全被敬意和荣誉毁坏了。为了躲避人们好奇的目光,她开始深居简出,家门只对几个朋友开放,而她和她的丈夫依旧在一间破旧的房子里做实验。她对于诺贝尔奖的巨额奖金也毫不在意,大量奖金被她赠送给贫困者。甚至英国皇家学会刚颁发的金质奖章,都任其小女儿拿着玩耍。

居里夫人能够有这样的成就,源于她对名利的漠视。爱因斯坦这样评价她:"在世界的所有著名人物中,玛丽·居里是唯一没有被盛名宠坏的人。"

牢牢记住,不为外物所滞,才能成就大事。

纪连海谈 庄子

原文

鲁哀公问于仲尼曰:"卫有恶人焉①,曰哀骀它②。丈夫与之处者③,思而不能去也④。妇人见之,请于父母曰'与为人妻,宁为夫子妾'者,十数而未止也。未尝有闻其唱者也⑤,常和人而已矣。无君人之位以济乎人之死⑥,无聚禄以望人之腹⑦。又以恶骇天下⑧,和而不唱,知不出乎四域⑨,且而雌雄合乎前⑩,是必有异乎人者也。寡人召而观之⑪,果以恶骇天下。与寡人处,不至以月数,而寡人有意乎其为人也⑫;不至乎期年⑬,而寡人信之。国无宰⑭,寡人传国焉。闷然而后应⑮。泛而若辞⑯,寡人丑乎,卒授之国。无几何也,去寡人而行,寡人卹焉若有亡也⑰,若无与乐是国也。是何人者也?"

仲尼曰:"丘也尝使于楚矣⑱,适见㹠子食于其死母者⑲,少焉眴若皆弃之而走⑳。不见己焉尔,不得类焉尔。所爱其母者,非爱其形也,爱使其形者也㉑。战而死者,其人之葬也不以翣资㉒;刖者之屦㉓,无为爱之;皆无其本矣。为天子之诸御㉔,不爪翦㉕,不穿耳;取妻者止于外㉖,不得复使。形全犹足以为尔㉗,而况全德之人乎!今哀骀它未言而信,无功而亲,使人授己国,唯恐其不受也,是必才全而德不形者也㉘。"

哀公曰:"何谓才全?"仲尼曰:"死生存亡,穷达贫富㉙,贤与不肖毁誉,饥渴寒暑,是事之变,命之行也㉚;日夜相代乎前㉛,而知不能规乎其始者也㉜。故不足以滑和㉝,不可入于灵府㉞。使之和豫㉟,通而不失于兑㊱,使日夜无郤而与物为春㊲,是接而生时于心者也㊳。是之谓才全。""何谓德不形?"曰:"平者,水停之盛也。其可以为法也㊴,内保之而外不荡也㊵。德者,成和之脩也㊶。德不形者,物不能离也。"

哀公异日以告闵子曰㊷:"始也吾以南面而君天下,执民之纪而忧其死㊸,吾自以为至通矣。今吾闻至人之言,恐吾无其实,轻用吾身而亡其国。吾与孔丘,非君臣也,德友而已矣。"

注释

①恶人:丑陋的人。

②哀骀(tái)它(tuō):虚构的人名。

③丈夫:古代成年男子的通称。

④去:离开。

⑤唱:唱导,前导。

⑥君人之位:统治别人的地位。济:救助。

⑦禄:俸禄,这里泛指财物。望:月儿满圆,"望人之腹"即使人人都能吃饱。

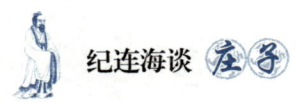

⑧骇：惊扰。

⑨四域：四周的邻界。

⑩雌雄：这里泛指妇女和男人。合：亲近。

⑪寡人：古代国君的谦称。

⑫意：猜想，意料。

⑬期（jī）年：一周年。

⑭宰：主持政务的官员。

⑮闷然：神情淡漠的样子。

⑯氾：这里形容心不在焉，有口无心的样子。

⑰卹（xù）："恤"字的异体字，忧虑。

⑱使：出使。

⑲独（tún）：同"豚"，小猪。食：这里指吮吸乳汁。

⑳少焉：一会儿。眴（shùn）若：惊惶的样子。走：跑。

㉑使：主使，支配。

㉒翣（shà）：古代出殡时棺木上的饰物，形同羽扇。资：送。

㉓刖（yuè）：断足的刑罚。屦（jù）：泛指鞋子。

㉔诸御：宫中御女，即宫女。

㉕翦（jiǎn）："剪"字的异体字。

㉖取：通"娶"。

㉗尔：如此。

㉘形：表露在外的意思。

㉙穷：困窘，走头无路。达：通畅、顺利。

㉚命之行：自然的运行，指非人为造成的情况变化。

㉛相代：相互更替。

㉜规：窥。

㉝滑（gǔ）：通"汩"，乱的意思。和：谐和，均衡。

㉞灵府：心灵。

㉟豫：安适。

㊱兑（yuè）：用"悦"，欢乐。

㊲郄（xì）：通"隙"，间隙的意思。

㊳接：接触外物。

㊴法：仿效，借鉴。

㊵荡：动。

㊶成和之脩：事得以成功、物得以顺和的极高修养。"脩"同"修"。

㊷闵子：人名，孔子的弟子。

㊸纪：纲纪。

原文

闉跂支离无脤说卫灵公①，灵公说之②；而视全人，其脰肩肩③。瓮㼜大瘿说齐桓公④，桓公说之；而视全人，其脰肩肩。故德有所长而形有所忘，人不忘其所忘而忘其所不忘，此谓诚忘⑤。故圣人有所

游，而知为孽⑥，约为胶⑦，德为接⑧，工为商⑨。圣人不谋，恶用知？不斲⑩，恶用胶？无丧⑪，恶有德？不货⑫，恶用商？四者，天鬻也⑬。天鬻者，天食也⑭。既受食于天，又恶用人！有人之形，无人之情。有人之形，故群于人；无人之情，故是非不得于身。眇乎小哉⑮，所以属于人也！謷乎大哉⑯，独成其天！

注释

①闉（yīn）：屈曲。跂（qǐ）：通"企"。"闉跂"指腿脚屈曲常踮起脚尖走路。支离：伛偻病残的样子。脤（shèn）：唇。这里用跛脚，伛腰，无唇来形容一个人的形残貌丑，并以此特征作为这个丑陋之人的名字。说（shuì）：游说。

②说（yuè）：通"悦"，喜欢。

③脰（dòu）：颈项。肩肩：细小的样子。

④瓮（wèng）（àng）：腹大口小的陶制盛器。瘿（yǐng）：瘤。

⑤诚：真实。

⑥孽（niè）：祸根。

⑦约：盟誓。胶：粘固，胶着。

⑧德为接：把施德看作交接外物的手段。

⑨工：工巧。

⑩斲（zhuó）："斫"字的异体字，砍削的意思。

⑪丧（sàng）：丢失、缺损。

⑫货：买卖东西以谋利。

⑬天：自然。鬻（yù）：通"育"，养育。

⑭天食：禀受自然的饲养和供给。

⑮眇（miǎo）：通"秒"，微小的意思。

⑯謷（áo）：高大的样子。

原文

惠子谓庄子曰①："人故无情乎？"庄子曰："然"。惠子曰："人而无情，何以谓之人？"庄子曰："道与之貌②，天与之形，恶得不谓之人？"惠子曰："既谓之人，恶得无情？"庄子曰："是非吾所谓情也。吾所谓无情者，言人之不以好恶内伤其身，常因自然而不益生也③。"惠子曰："不益生，何以有其身？"庄子曰："道与之貌，天与之形，无以好恶内伤其身。今子外乎子之神，劳乎子之精④，倚树而吟，据槁梧而瞑⑤，天选子之形⑥，子以坚白鸣⑦！"

注释

①惠子：惠施，名家的代表人物。

②道：指事物的本原，即宇宙万物的本体。

③益：增添。

④劳：耗费。

⑤据：靠，凭依。槁梧：指用梧桐木做成的几案。

⑥天选：自然的授予。

⑦坚白："坚白"论是古代名家的著名言论，它以石为喻，指石之白色与石之坚质都独立于"石"。

纪老师说

当下流行一个新词叫"小鲜肉"，它指年龄在18—25岁之间的性格纯良，感情经历单纯，没有太多的情感经验，并且长相俊俏、身材健硕的男子。而且，当下好多青春少女趋之若鹜，奉小鲜肉若心中爱情的神明与楷模。对此我不做任何评价，但是我要对那些青春少女说一声："你们知道吗？在庄子笔下，有人虽然奇丑无比，却也是许多女人争相取悦的对象呢！"

这个奇丑无比的人，叫哀骀它。哀骀它虽然面貌丑陋，但是男人跟他相处，常常想念他而舍不得离去。女人见到他便向父母提出请求，说，与其做别人的妻子，不如做哀骀它先生的妾，这样的人已经有十多个了而且还在不断增多。鲁哀公也觉得他相貌丑陋足以惊骇天下人。但是二人相处不到一个月，鲁哀公便对他的为人有了了解；不到一年时间，就十分信任他，国家没有主持政务的官员，便把国事委托给他。没过多久，哀骀它就离开鲁哀公走掉了，鲁哀公觉得内心忧虑，像丢失了什么，好像整个国家没有谁可以跟他一道共欢乐似的。

无独有偶，有一个跛脚、伛背、缺嘴的人游说卫灵公，卫灵公十分喜欢他；再看看那些体形完整的人，他们的脖颈实在是太细太细了。还有一个颈瘤大如瓮盎的人游说齐桓公，齐桓公十分喜欢他，再看看那些体形完整的人，觉得他们的脖颈实在是太细太细的了。

这几个面貌丑陋的人，为什么能获得女人甚至君主的好感？回答并不难，他们靠的是德行！

庄子认为，在德行方面有超出常人的地方而在形体方面的缺陷别人就会有所遗忘，人们不会忘记所应当忘记的东西，而忘记了所不应当忘记的东西，这就叫作真正的遗忘。因而圣人总能自得地出游，把智慧看作祸根，把盟约看作禁锢，把推展德行看作交接外物的手段，把工巧看作商贾的行为。圣人从不谋虑，哪里用得着智慧？圣人从不砍削，哪里用得着胶着？圣人从不感到缺损，哪里用得着推展德行？圣人从不买卖以谋利，哪里用得着经商？这四种做法叫作天养。所谓天养，就是禀受自然的饲养。既然受养于自然，又哪里用得着人为！有了人的形貌，不一定有人内在的真情。有了人的形体，所以与人结成群体；没有人的真情，所以是与非都不会汇聚在他的身上。

得道者"才全而德不形"。更不会为"死生存亡，穷达贫富，贤与不肖毁誉，饥渴寒暑"所扰，以自然之心面对，反而拥有了非凡的魅力，以至于物"无不能离也"。"人不忘其所忘，而忘其所不忘，此为诚忘"是什么意思？就是一个人只要道德出众，形体上的残缺就会被人忘记。不忘掉所该忘掉的（外形），而忘掉所不该忘的（道德），才是真正的遗忘。

哀骀它等人是"才全而德不形之人"——他们了解世事变幻无

常，所以内心不为所动，但是他们并不张扬这种修养境界，因此得到了世人的尊重与喜爱。

庄子文中所说的"德"，并非通常理解的道德或者德行，而是指一种心态。他认为宇宙万物均源于"道"，而万事万物尽管千差万别，归根到底又都浑然为一，从这两点出发，体现在人的观念形态上便应是"忘形"与"无情"。这里所谓的"忘形"就是物我俱化，死生同一；所谓的"无情"之情，实际上是指与自然相悖、于人有损的情。"无情"也并不是说一个人变成木头人，没有了任何感情，而是说一个人没有繁杂的思绪，在为所谓的宠辱、贵贱、好恶、是非事情感到烦恼。

有个年轻人脸上有一块巨大而丑陋的紫红胎记。外表的缺陷掩盖不了这个年轻人友善、幽默、积极向上的性格，凡是和他打过交道的人，都会不由自主地喜欢上他。他还经常参加演讲。刚开始，观众的表情总是惊讶、恐惧，但等到他讲完，人人都心悦诚服，台下掌声雷动。

有人后来向他提出了藏在心里的疑问："你是怎么克服那块胎记带给你的尴尬和自卑的？"

年轻人说："克服？绝对不是，我向来以它为荣！很小的时候，父亲就告诉我：'孩子，你出生前，我向上帝祷告请他赐给我一个与众不同的孩子，于是上帝给了你特殊的才能，还让天使给你做了一个记号。你脸上的标记是天使吻过的痕迹，他这样做是为了让我在人群中一下子就能找到你。当看到你和别的婴儿一起睡在婴儿室时，我立刻知道，你是我的！'"

年轻人接着说："小时候，我对自己的好运气深信不疑。我甚至会为那些脸上没有红色'吻痕'的孩子难过。我当时以为，陌生人的惊讶是出于羡慕。于是我更加积极努力，生怕浪费上帝给我的特殊才能。正因为有了这块胎记，我才会不断奋斗，取得今天的成绩，它何尝不是天使的吻痕、幸运的标记呢？"

这个故事，感动到我了。忘形，无情，庄子的总结真是哲学！

综上所述，我认为，人的形貌是上天给的，既然都是受之于天，那就没有什么差别。后来也许会因为人生的一些遭遇变成残疾的人，体全之人也不要心存优越感，因为都只不过是偶然发生的事情，这种事情发生在谁身上都有可能。所以，我们应该超越外形的残缺，不要歧视甚至不要同情，大家都以德相交，追求德性的完备，天下岂不美好，世界岂不和谐？

大宗师

原文

　　知天之所为，知人之所为者，至矣。知天之所为者，天而生也；知人之所为者，以其知之所知以养其知之所不知，终其天年而不中道夭者：是知之盛也。虽然，有患。夫知有所待而后当①，其所待者特未定也②。庸讵知吾所谓天之非人乎？所谓人之非天乎？

　　且有真人而后有真知。何谓真人？古之真人不逆寡③，不雄成④，不谟士⑤。若然者，过而弗悔，当而不自得也⑥。若然者，登高不慄，入水不濡⑦，入火不热。是知之能登假于道者也若此⑧。古之真人，其寝不梦，其觉无忧，其食不甘，其息深深。真人之息以踵⑨，众人之息以喉。屈服者，其嗌言若哇⑩。其耆欲深者⑪，其天机浅⑫。古之真人，不知说生，不知恶死；其出不䜣⑬，其入不距⑭；翛然而往⑮，翛然而来而已矣。不忘其所始，不求其所终；受而喜之，忘而复之，是之谓不以心捐道⑯，不以人助天。是之谓真人。若然者，其心志⑰，其容寂，其颡頯⑱；凄然似秋，煖然似春⑲，喜怒通四时，与物有宜而莫知其极⑳。

　　故圣人之用兵也㉑，亡国而不失人心；利泽施乎万世㉒，不为爱人。故乐通物，非圣人也；有亲[23]，非仁也；天时[24]，非贤也；利害不通，非君子也；行名失己[25]，非士也；亡身不真，非役人也[26]。若狐不偕、务光、伯夷、叔齐、箕子、胥余、纪他、申徒狄[27]，是役人之役，适人之适[28]，而不自适其适者也。

古之真人，其状义而不朋[29]，若不足而不承；与乎其觚而不坚也[30]，张乎其虚而不华也[31]；邴邴乎其似喜乎[32]，崔乎其不得已乎[33]！滀乎进我色也[34]，与乎止我德也[35]；厉乎其似世乎[36]！謷乎其未可制也[37]；连乎其似好闭也[38]，悗乎忘其言也[39]。以刑为体[40]，以礼为翼，以知为时[41]，以德为循。以刑为体者，绰乎其杀也[42]；以礼为翼者，所以行于世也；以知为时者，不得已于事也；以德为循者，言其与有足者至于丘也，而人真以为勤行者也。故其好之也一，其弗好之也一。其一也一，其不一也一。其一与天为徒[43]，其不一与人为徒。天与人不相胜也，是之谓真人。

注释

①有所待：有所依凭。

②特：但，不过。

③逆：针对，对付。

④雄成：雄据自己的成绩，即凭借自己取得的成绩而傲视他人、凌驾他人。

⑤谟：图谋、算计。士：通"事"。

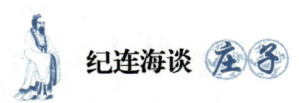

⑥当：恰巧、正好。自得：自以为得意。

⑦濡（rú）：沾湿。

⑧假：通"格"，至、达到的意思。

⑨踵：脚跟。"息以踵"言气息深沉，发自根本。

⑩嗌（ài）：咽喉闭塞。哇（wā）：象声词。

⑪耆：嗜好；这个意思后代写作"嗜"。

⑫天机：天生的神智。

⑬"出"这里指出生于世，与下句"入"指死亡相对为文。䜣："欣"字的异体字，高兴的意思。

⑭距：通"拒"，拒绝、回避的意思。

⑮翛（xiāo）然：无拘束，自由自在的样子。

⑯捐：当为"损"字之讹，损害的意思。

⑰志："心志"意思是心里空灵，忘掉自己的周围。

⑱颡（sāng）：额。

⑲煖（xuān）：同"煊"，温暖的意思。

⑳宜：合适、相称。

㉑闻一多认为错简。

㉒利泽：利益和恩泽。

㉓亲：这里指偏爱。

㉔天时：选择时机。

㉕行名：做事为取名声。

㉖役：役使、驱遣。

㉗狐不偕、务光、伯夷、叔齐、箕子、胥余、纪他、申徒狄：皆人名，传说中远古时代贤人。

㉘适：安适，舒畅。

㉙状：外部的表情和神态。义（é）：通"峨"，高的意思。朋（bēng）：通"崩"，崩坏的意思。"义而不朋"意思是嵬峨而不矜持。

㉚与乎：容与，态度自然安闲的样子。觚（gū）：特立超群。坚：这里是固执的意思。

㉛张乎：广大的样子，这里指内心宽宏、开阔。华：浮华。

㉜邴（bǐng）邴：欣喜的样子。

㉝崔乎：开始行动的样子。

㉞滀（chù）乎：本指水之停聚貌，这里引申形容人的容颜和悦而有光泽。

㉟与：交往，待人接物。止：归；"止我德"是说德行高雅宽和让人归依。

㊱厉：疑为"广"字之误，言精神博大好像包容了世界。

㊲警（áo）乎：高放自得的样子。制：限止。

㊳连乎：绵邈深远的样子。

㊴悗（mèn）乎：心不在焉的样子。

㊵"以刑为体"这句话，不似庄子的思想和主张。

㊶为时：等待时机。

㊷绰乎：宽大的样子。

㊸徒：徒属，这里是同类的意思。

纪老师说

这部分内容，庄子塑造了一个"真人"的形象。真人是什么，一般人看后会觉得，真人根本就是神仙啊，我们平凡的人怎么去学神仙，这是不是扯得有点远呢？

庄子用浮夸、浪漫、神妙的笔法向我们直接阐述了真人的特征，认为"古之真人，不逆寡，不雄成，不谟士。"即不对毫无征兆的事情妄下推断。有了这样的胸怀与气度，才能将自己化入自然之中、大道之中，达到道体合一的境界。因此我们看到的真人便具备了"登高不栗，入水不濡，入火不热"的能力。

我们还是梳理一下庄子笔下真人的具体形象吧。

"真人"不欺凌寡少，不自满于成功，不凭借小聪明耍小把戏，纵然有过失也无追悔，行事得当也不自以为得意，登高不怕下坠，入水不怕溺毙，蹈火不怕烧死，在得失安慰之际，能够坦然相处。这表明"真人"是心态平和，不计较荣辱得失，能够去掉心之偏执，有着大智慧的人。

真人睡觉时不做梦，醒来时无忧愁，没有口腹耳目之欲；呼吸深沉，直达丹田，直通脚跟。真人与俗人的区别在于：俗人生命气息短浅，呼吸仅及咽喉。这表明"真人"迥异于俗人，他能化解情欲心智的缠结。

真人不执着生，不厌恶死，一切听其自然，视生死为一来一往，来时不欣喜，去时不抗拒。这是因为真人深知生命的源头，故不忘其所自来；又能听任死的归结，故不求其所终极。因此，"真人"能看淡生死，破除死生之惑。

"真人"是天生自然的人，不用心智去损害大道，也不用人为的因素去帮助自然。他的内心忘掉了周围的一切，他的容颜淡漠安闲，他的面额质朴端严，他的喜怒与四时相通。因此，"真人"自然无为，其生命感受是与自然相通的。

"真人"超越于好与不好之上，摆脱了人间心智的相对分别。既忘怀于美恶，又派遣于爱憎，冥合天道，纯一不二。真人守真抱朴，与天为徒；同时又随俗而行，与人为徒；既不背离天理，又不脱离人事。为此，天与人不相排斥，不相争胜而冥同合一，达到物我、主客、天人同一境界的人，才是真人。

所以说，庄子心中的真人，应该是能够冲破世俗欲望的束缚，达到精神完全自由境地之人。庄子在政治上主张"无为而治"，在生存方式上崇尚顺其自然，提倡"天地与我并生，万物与我为一"的精神境界，认为人生的最高境界是逍遥自得，追求的是绝对的精神自由。

庄子认为要学习真人，其实是号召人们学习真人的善良、谦和、耐心、深沉、心思缜密、处世不惊等优秀品质。

美国的华盛顿是一个伟大的人物，他身上就具有一些"真人"的性质，他的伟大不在于其功勋卓著的功绩，而在于其行为背后的高尚品质和理想情怀。

1783年美国独立后，华盛顿就辞去联军总司令职务，经营农场去了。1787年美国联邦议会审议美国宪法草案时，华盛顿致国会的信中说："我们探讨此事以真正美国人的最大利益为出发点，即如何巩固我的联盟，这关系到我国的繁荣、幸福、安全，甚至民族的生存。"华盛顿忠于国家、热爱人民的真情感动了、也激励了广大议会议员。

1793年，华盛顿第一届总统任期届满就萌生退隐之意，在汉密尔顿等政界名流的恳求之下，为了巩固美国共和联邦制国家，华盛顿才同意出任第二届总统的。1797年华盛顿第二任总统任期届满，尽管好多社会名流挽留，但是他坚决拒绝连任第三届总统，公开声明退出竞选。没有任职终生，也没有选拔接班人，而让人民通过选举产生。他参加了亚当斯总统就职仪式后，欣然返回了农场。这是他对人类政治文明的杰出贡献。

华盛顿厌恶党派之争，告诫美国人民派系之争对国家的危险，始终保持不偏不倚。他是美国独立、制宪以及共和联邦制的奠基者。华盛顿的人格与事业铸造了美国宪政的历史制度和精神。华盛顿的宪政思想是富有创见性的，因其政治实践的天才而深刻地影响了美国宪政制度和理念。正是华盛顿为美利坚合众国的宪政体制奠定了基本结构和框架，华盛顿不愧为世界历史上一位永垂青史的伟人！

华盛顿从不考虑给自己建一座纪念碑，真正的纪念碑是矗立在人们的心中的，而不是雄伟的大理石建筑。

你看看，拥有大情怀大格局的华盛顿，是不是具有了庄子笔下"真人"的品质？

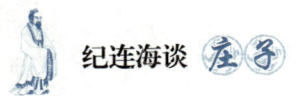

原文

死生，命也①，其有夜旦之常②，天也。人之有所不得与③，皆物之情也。彼特以天为父，而身犹爱之，而况其卓乎④！人特以有君为愈乎己⑤，而身犹死之⑥，而况其真乎⑦！

泉涸⑧，鱼相与处于陆，相呴以湿⑨，相濡以沫⑩，不如相忘于江湖。与其誉尧而非桀也，不如两忘而化其道⑪。夫大块载我以形⑫，劳我以生，佚我以老⑬，息我以死。故善吾生者，乃所以善死也。

夫藏舟于壑⑭，藏山于泽⑮，谓之固矣。然而夜半有力者负之而走，昧者不知也⑯。藏小大有宜⑰，犹有所遁⑱。若夫藏天下于天下而不得所遁，是恒物之大情也⑲。特犯人之形而犹喜之⑳，若人之形者，万化而未始有极也，其为乐可胜计邪㉑？故圣人将游于物之所不得遁而皆存。善妖善老㉒，善始善终，人犹效之，又况万物之所系而一化之所待乎㉓！

夫道，有情有信㉔，无为无形；可传而不可受㉕，可得而不可见㉖；自本自根，未有天地，自古以固存；神鬼神帝㉗，生天生地；在太极之先而不为高㉘，在六极之下而不为深㉙，先天地生而不为久，长于上古而不为老。狶韦氏得之㉚,以挈天地㉛;伏戏氏得之㉜,以袭气母㉝;维斗得之㉞,终古不忒㉟;日月得之,终古不息;堪坏得之㊱,以袭昆仑;冯夷得之㊲,以游大川;肩吾得之㊳,以处大山;黄帝得之㊴,以登云天;颛顼得之㊵,以处玄宫;禺强得之㊶,立乎北极;西王母得之㊷,坐乎少广。莫知其始,莫知其终。彭祖得之,上及有虞,下及五伯㊸;傅说得之㊹,以相武丁,奄有天下㊺,乘东维㊻,骑箕尾㊼,而比于列星。

注释

①命:这里指不可避免的、非人为的作用。

②常:常规,恒久不易或变化的规律。

③与:参与,干预。

④卓:特立,高超;这里实指"道"。

⑤愈:胜,超过。

⑥死之:为国君而献身。

⑦真:这里指的是"道"。

⑧涸(hé):水干。

⑨呴(xū):张口出气。

⑩濡(rǔ):沾湿的意思。沫:唾沫,即口水。

⑪化:这里是熔解、混同的意思。

⑫大块:大地;这里可以理解为大自然。

⑬佚（yì）：通"逸"，闲逸的意思。

⑭壑（hè）：深深的山谷。

⑮汕（shàn）：通"汕"，捕鱼的用具。

⑯昧：通作"寐"，睡着的意思。

⑰藏小大："藏小于大"。宜：合适，适宜。

⑱遯（dùn）："遁"字的异体字，逃脱、丢失的意思。

⑲恒：常有、固有的意思。

⑳犯：承受。

㉑胜（shēng）：禁得起。

㉒妖：或作"夭"，应是少小的意思。

㉓系：关联、连缀。一：全；"一化"即所有的变化。待：依靠、凭借。"所系""所待"这里都是指所谓"道"。

㉔情、信：真实、确凿可信。

㉕传：传递、感染、感受的意思。

㉖得：这里是体会、领悟的意思。

㉗神：这里是引出、产生的意思。

㉘太极：派生万物的本原，即宇宙的初始。先：据上下文理和用词对应的情况看。

㉙六极：六合。

㉚豨（xī）和韦氏：传说中远古时代的帝王。

㉛挈（qiè）：提挈，有统领、驾驭的含意。

㉜伏戏氏：伏羲氏，传说中的古代帝王。

㉝袭：入。气母：元气之母，即古人心目中宇宙万物初始的物质。

㉞维斗：北斗星。

㉟忒（tè）：差错。

㊱堪坏（pēi）：传说中人面兽身的昆仑山神。

㊲冯夷：传说中的河神。

㊳肩吾：传说中的泰山之神。

㊴黄帝：轩辕氏，传说中的古代帝王，中原各族的始祖。

㊵颛顼（zhuān xū）：传说为黄帝之孙，即帝高阳。玄：黑。颛顼又称玄帝，即北方之帝，"玄"为黑色，为北方之色，所以下句说"处玄宫"。

㊶禺强：传说中人面鸟身的北海之神。

㊷西王母：古代神话中的女神。

㊸"五伯"：旧指夏伯昆吾、殷伯大彭、豕韦、周伯齐桓、晋文。

㊹傅说（yuè）：殷商时代的贤才，辅佐高宗武丁，成为武丁的相。

㊺奄：覆盖、包括。

㊻东维：星名，在箕星、尾星之间。

㊼箕、尾：星名，为二十八宿中的两个星座。

原文

南伯子葵问乎女偊曰①："子之年长矣，而色若孺子②，何也？"

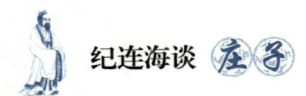

曰:"吾闻道矣。"南伯子葵曰:"道可得学邪?"曰:"恶③!恶可!子非其人也。夫卜梁倚有圣人之才而无圣人之道④,我有圣人之道而无圣人之才,吾欲以教之,庶几其果为圣人乎⑤!不然,以圣人之道告圣人之才,亦易矣。吾犹守而告之⑥,参日而后能外天下⑦;已外天下矣,吾又守之,七日而后能外物;已外物矣,吾又守之,九日而后能外生;已外生矣,而后能朝彻⑧;朝彻,而后能见独⑨;见独,而后能无古今;无古今,而后能入于不死不生。杀生者不死⑩,生生者不生。其为物,无不将也⑪,无不迎也;无不毁也,无不成也。其名为撄宁⑫。撄宁也者,撄而后成者也。"

南伯子葵曰:"子独恶乎闻之?"曰:"闻诸副墨之子,副墨之子闻诸洛诵之孙,洛诵之孙闻之瞻明,瞻明闻之聂许,聂许闻之需役,需役闻之於讴,於讴闻之玄冥,玄冥闻之参寥,参寥闻之疑始⑬。"

> **注释**
>
> ①南伯子葵、女偊(yǔ):均为人名。
>
> ②孺子:幼儿,孩童。
>
> ③恶(wū):这里是批驳、否定对方的意思。
>
> ④卜梁倚:人名。圣人之才:指明敏的、外用的才质。圣人之道:指虚淡内凝的心境。
>
> ⑤庶几:也许、大概。

⑥守：持守，修守，这里指内心凝寂，善于自持而不容懈怠。

⑦参：三。外：遗忘。

⑧朝彻："朝"指朝阳，"彻"指明彻，喻指物我皆忘的凝寂空灵的心境。

⑨独：指不受任何事物影响，也不对任何事物有所依待。实际指的就是"道"。

⑩杀：灭除，含有摒弃、忘却之意。"杀生者"与下句"生生者"相对为文，分别指忘却生存和眷恋人世的人。

⑪将：送。

⑫撄（yīng）：扰乱，"撄宁"意思是不受外界事物的纷扰，保持心境的宁静。

⑬"副墨""洛诵""瞻明""聂许""需役""於（wū）讴（ōu）""玄冥""参寥""疑始"等，均为假托的寓言人物之名。

纪老师说

文中的这段话，被后人认为是庄子关于道论的总纲："夫道，有情有信，无为无形；可传而不可受，可得而不可见；自本自根，未有天地，自古以固存；神鬼神帝，生天生地；在太极之先而不为高，在六极之下而不为深，先天地生而不为久，长于上古而不为老。"意思是："道"是真实而又确凿可信的，然而它又是无为和无形的；"道"可以感知却不可以口授，可以领悟却不可以面见；"道"自身

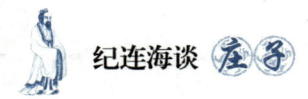

就是本、就是根,还未出现天地的远古时代"道"就已经存在;它引出鬼帝,产生天地;它在太极之上却并不算高,它在六极之下还不算深,它先于天地存在还不算久,它长于上古还不算老。

这段话中,庄子揭示出了道是一种客观存在,是宇宙间万物生发的原因与法则,但道却是无形、无迹可寻的。在这段话中,体现出庄子对于如何"得道"的看法,即"可传而不可受,可得而不可见"。道是可以心传却不可以口头传授的,是可以用心得到却无法用眼睛看见的。

既然道是无法口头传授的,个人若想要修习这个"道"又该怎么做呢?这就给我们提出了一个如何"修道"的问题。

南伯子葵与女偶之间的对话,在对话中就谈到了如何修道的事情。他说道的得来,不是一蹴而就,庄子借女偶之口,谈论学道的进程。他说把圣人虚淡的心境传给具有圣人才气的人,应是很容易的。我还是持守着并告诉别人,三天之后便能遗忘天下,既已遗忘天下,我又凝寂持守,七天之后能遗忘万物;既已遗忘万物,我又凝寂持守,九天之后便能遗忘自身的存在;既已遗忘存在的生命,而后心境便能如朝阳一般清新明彻;能够心境如朝阳般清新明彻,而后就能够感受那绝无所待的"道"了;既已感受了"道",而后就能超越古今的时限;既已能够超越古今的时限,而后便进入无所谓生、无所谓死的境界。摒除了生也就没有死,留恋于生也就不存在生。作为事物,"道"无不有所送,也无不有所迎;无不有所毁,也无不有所成,这就叫作"撄宁"。撄宁，意思就是不受外界事物的纷扰，而后保持心境的宁静。

这里面的重点是谈论学道，而启发我们的，可能是"撄宁"。为什么这么说呢？因为他强调了要不受外界事物的纷扰，保持心境宁静的道理。

我们还是先来看看历史上的两个人物：

岳飞是宋朝抗金名将，中国历史上著名军事家、战略家、书法家、民族英雄。从1128年（建炎二年）遇宗泽起到1141年（绍兴十一年）的十余年间，他率领岳家军同金军进行了大小数百次战斗，所向披靡，"位至将相"。后来完颜兀术毁盟攻宋，岳飞挥师北伐，先后收复郑州、洛阳等地，又于郾城、颖昌大败金军，进军朱仙镇。但是，宋高宗、秦桧却一意求和，以十二道"金字牌"下令退兵，岳飞在孤立无援之下被迫班师。在宋金议和过程中，岳飞遭受秦桧、张俊等人的诬陷，被捕入狱。后来岳飞以"莫须有"的"谋反"罪名，与长子岳云和部将张宪同被杀害。

岳飞的抗金行为，表达了被侵犯民族的要求，坚持崇高的民族气节，在处境危难的条件下，坚持了抗金的正义斗争，并知道爱护人民的抗金力量，联合抗金军民一道，保住了南宋半壁河山，使南中国人民免遭金人的蹂躏，从而保住了高度发展的中国经济和文化，并使之得以继续向前发展。

谭嗣同是中国近代著名政治家、思想家，维新派人士。他倡导开

矿山、修铁路，宣传变法维新，推行新政。光绪二十四年（1898年）谭嗣同参加领导戊戌变法，但是变法的结局是失败。他决心以死来殉变法事业，用自己的生命去向封建顽固势力作最后一次反抗。谭嗣同把自己的书信、文稿交给梁启超，要他东渡日本避难，并慷慨地说："不有行者，无以图将来，不有死者，无以召后起。"日本使馆曾派人与他联系，表示可以为他提供"保护"，他毅然回绝，并对来人说："各国变法无不从流血而成，今日中国未闻有因变法而流血者，此国之所以不昌也。有之，请自嗣同始。"

岳飞拥兵众多，谭嗣同可以从容逃脱，但他们为什么甘心就死，不愿逃生呢？我以为，是因为他们心中有"道"，使他们进入了庄子所说的无所谓生、无所谓死的精神境界。心中有"道"，便看淡生死，不受外界干扰。不是吗？

岳飞心中有"道"，他一生胸怀天下以大局为重，他有一句名言"以身许国何事不可为"，他是这么说的，也是这么做的，他把个人的价值追求与国家民族命运紧紧结合在一起，从而忘记了生死。

谭嗣同也是心中有"道"，他用自己的鲜血，唤醒了沉睡的国民。他的死不仅没有让变法图强就此消失，反而催生了这股力量的不断发展。

我们不必探究他们心中之道的来源，因为"道"是无形的，没有人能知道它的开始，也没有人能知道它的终结。如果还要深追，问为什么自己没有得"道"，那一定是没有虚淡的心境！

原文

子祀、子舆、子犁、子来四人相与语曰①："孰能以无为首,以生为脊,以死为尻②,孰知死生存亡之一体者,吾与之友矣。"四人相视而笑,莫逆于心③,遂相与为友。

俄而子舆有病,子祀往问之④。曰:"伟哉夫造物者,将以予为此拘拘也⑤!曲偻发背⑥,上有五管⑦,颐隐于齐⑧,肩高于顶,句赘指天⑨。"阴阳之气有沴⑩,其心闲而无事,跰䠔而鑑于井⑪,曰:"嗟乎!夫造物者又将以予为此拘拘也!"

子祀曰:"女恶之乎⑫?"曰:"亡⑬,予何恶!浸假而化予之左臂以为鸡⑭,予因以求时夜⑮;浸假而化予之右臂以为弹,予因以求鸮炙⑯。浸假而化予之尻以为轮,以神为马,予因以乘之,岂更驾哉⑰!且夫得者⑱,时也⑲,失者,顺也⑳;安时而处顺,哀乐不能入也。此古之所谓县解也㉑,而不能自解者,物有结之。且夫物不胜天久矣,吾又何恶焉?"

俄而子来有病,喘喘然将死㉒,其妻子环而泣之㉓。子犁往问之,曰:"叱㉔!避!无怛化㉕!"倚其户与之语曰:"伟哉造化!又将奚

以汝为㉖,将奚以汝适?以汝为鼠肝乎?以汝为虫臂乎?"

子来曰:"父母于子,东西南北,唯命之从。阴阳于人㉗,不翅于父母㉘;彼近吾死而我不听,我则悍矣,彼何罪焉!夫大块载我以形,劳我以生,佚我以老,息我以死。故善吾生者,乃所以善吾死也。今之大冶铸金㉙,金踊跃曰'我且必为镆铘'㉚,大冶必以为不祥之金㉛。今一犯人之形㉜,而曰'人耳人耳',夫造化者必以为不祥之人。今一以天地为大炉,以造化为大冶,恶乎往而不可哉!"成然寐㉝,蘧然觉㉞。

注释

①子祀、子舆、子犁、子来:寓言故事中假托虚构的人名。

②尻(kāo):脊骨最下端,也泛指臀部。

③莫逆于心:内心相契,心照不宣。

④问:拜访、问候。

⑤拘拘:曲屈不伸的样子。

⑥曲偻(lóu):弯腰。发背:背骨外露。

⑦五管:五脏的穴口。

⑧颐(yí):下巴。齐:肚脐。

⑨句(gōu)赘:颈椎隆起状如赘瘤。

⑩沴(lì):阴阳之气不和而生出的灾害。

⑪跰躚(pián xiān):蹒跚,行步倾倒不稳的样子。

⑫恶（wù）：厌恶。

⑬亡：通"无"，"没有"的意思。

⑭浸：渐渐。假：假令。

⑮时夜：司夜，即报晓的公鸡。

⑯鸮（xiāo）：斑鸠。炙（zhì）：烤熟的肉。"鸮炙"即烤熟的斑鸠肉。

⑰更（gēng）：更换。驾：这里指车驾坐骑。

⑱得：指得到生命。

⑲时：适时。

⑳顺：指顺应了规律。

㉑县（xuán）：悬挂。"县解"即解脱倒悬。

㉒喘喘然：气息急促的样子。

㉓妻子：妻子儿女。环：绕。

㉔叱：呵斥之声。

㉕怛（dá）：惊扰。化：变化，这里指人之将死。

㉖为：这里是改变、造就的意思。

㉗阴阳：这里指整个自然变化。

㉘翅：这里讲作"啻"，"不翅"就是不啻。

㉙冶：熔炼金属；"大冶"：指熔炼金属高超的工匠。

㉚踊跃：跃起。镆铘：亦作"莫邪"，宝剑名。

㉛祥：善。

㉜犯：遇，承受。

㉝成然：安闲熟睡的样子。寐：睡着，这里实指死亡。

㉞蘧（qú）然：惊喜的样子。觉：睡醒，这里喻指生还。

原文

　　子桑户、孟子反、子琴张三人相与友①，曰："孰能相与于无相与，相为于无相为？孰能登天游雾，挠挑无极②，相忘以生，无所终穷？"三人相视而笑，莫逆于心，遂相与为友。

　　莫然有间而子桑户死③，未葬。孔子闻之，使子贡往侍事焉④。或编曲，或鼓琴，相和而歌曰："嗟来桑户乎⑤！嗟来桑户乎！而已反其真⑥，而我犹为人猗⑦！"子贡趋而进曰："敢问临尸而歌，礼乎？"二人相视而笑曰："是恶知礼意！"

　　子贡反，以告孔子，曰："彼何人者邪？修行无有⑧，而外其形骸⑨，临尸而歌；颜色不变，无以命之⑩。彼何人者邪？"

　　孔子曰："彼，游方之外者也⑪；而丘，游方之内者也。外内不相及，而丘使女往吊之，丘则陋矣⑫。彼方且与造物者为人⑬，而游乎天地之一气⑭。彼以生为附赘县疣⑮，以死为决疣溃痈⑯，夫若然者，又恶知死生先后之所在！假于异物⑰，托于同体；忘其肝胆，遗其耳目；反覆终始，不知端倪；芒然彷徨乎尘垢之外⑱，逍遥乎无为之业⑲。彼又恶能愤愤然为世俗之礼⑳，以观众人之耳目哉㉑！"

　　子贡曰："然则夫子何方之依㉒？"孔子曰："丘，天之戮民也㉓。虽然，吾与汝共之。"子贡曰："敢问其方。"孔子曰："鱼相造乎水㉔，人相造乎道。相造乎水者，穿池而养给㉕；相造乎道者，无事而生定㉖。故曰，鱼相忘乎江湖，人相忘乎道术。"子贡曰："敢问畸人㉗。"曰："畸人者，畸于人而侔于天㉘，故曰，天之小人，人之君子；人之君子，天之小人也。"

注释

①子桑户、孟子反、子琴张：假托的人名。

②挠挑：循环升登。无极：这里指没有穷尽的太空。

③莫然有间（jiàn）：顷刻之间。

④侍事：帮助办理丧事。

⑤嗟来：犹如"嗟乎"。

⑥而：你。反：返回。真：本真。

⑦猗（yī）：表示感叹语气。

⑧修行：培养自己的德行。

⑨外其形骸：把自身的形骸置之度外，意思是不把死亡当作大事。

⑩命：名，称述。

⑪方：方域，指人类生活的空间。

⑫陋：浅薄，见识不广。

⑬人：偶；"为人"即相互作为伴侣。

⑭一气：元气。

⑮县（xuán）：悬。疣（yóu）：这里义同"瘤"。

⑯决疴溃痈：指毒疮化浓而破溃。

⑰假：凭借。

⑱芒然：茫然。尘垢：这里喻指人世。

⑲无为之业：无所作为的境界。

⑳愦愦（kuì）然：烦乱的样子。

㉑观：显示。

㉒方：方术，准则。

㉓戮：刑戮。"天之戮民"意思是受到自然惩罚的人，即摆脱不了方内束缚的人。

㉔造：往，适。

㉕给：足。"养给"即给养充裕。

㉖生：通"性"，"生定"即性情平静安适。

㉗畸（jī）人：这里指不合于世俗的人。

㉘侔（móu）：齐同。

原文

颜回问仲尼曰："孟孙才①，其母死，哭泣无涕②，中心不戚③，居丧不哀。无是三者④，以善处丧盖鲁国⑤。固有无其实而得其名者乎⑥？回壹怪之⑦。"

仲尼曰："夫孟孙氏尽之矣，进于知矣⑧。唯简之而不得，夫已有所简矣⁹。孟孙氏不知所以生，不知所以死；不知就先⑩，不知就后；若化为物⑪，以待其所不知之化已乎！且方将化，恶知不化哉？方将不化，恶知已化哉？吾特与汝，其梦未始觉者邪！且彼有骇形而无损心⑫，有旦宅而无情死⑬。孟孙氏特觉，人哭亦哭，是自其所以乃⑭。且也相与吾之耳矣，庸讵知吾所谓吾之乎？且汝梦为鸟而厉乎天⑮，梦为鱼而没于渊。不识今之言者，其觉者乎，其梦者乎？造适不及笑⑯，献笑不及排⑰，安排而去化⑱，乃入于寥天一⑲。"

注释

①孟孙才：人名，复姓孟孙。

②涕：泪水。

③中心：心中。戚：悲痛。

④三者：指上述"哭泣不涕""中心不戚""居丧不哀"的三种表现。

⑤盖：覆。

⑥固：竟，难道。

⑦壹：实在，确实。

⑧进：胜，超过。

⑨夫：这里代指孟孙才。

⑩就：趋近，追求。先：这里实指"生"。

⑪若：顺。"若化"即顺应自然变化。

⑫骇形：指人死之后形体必有惊人的改变。心：精神。

⑬旦：日新，朝夕改变的意思。宅：这里喻指精神的寓所。

⑭乃：通"尔"，如此的意思。

⑮厉：通"戾"，至、往的意思，这里实指鸟的飞翔。

⑯造：达到。适：快意。

⑰献：发。排：排解，消泄。

⑱安排：安于自然的推移。去化：忘却死亡的变化。

⑲寥：寂寥，虚空。

原文

意而子见许由①。许由曰："尧何以资汝②？"意而子曰："尧谓我：'汝必躬服仁义而明言是非③'。"许由曰："而奚来为轵④？夫尧既已黥汝以仁义⑤，而劓汝以是非矣⑥，汝将何以游夫遥荡恣睢转徙之涂乎⑦？"意而子曰："虽然，吾愿游于其藩⑧。"

许由曰："不然。夫盲者无以与乎眉目颜色之好⑨，瞽者无以与乎青黄黼黻之观⑩。"意而子曰："夫无庄之失其美⑪，据梁之失其力⑫，黄帝之亡其知⑬，皆在炉捶之间耳⑭。庸讵知夫造物者之不息我黥而补我劓⑮，使我乘成以随先生邪⑯？"

许由曰："噫！未可知也。我为汝言其大略。吾师乎⑰！吾师乎！泽及万世而不为仁⑱，长于上古而不为老，覆载天地刻雕众形而不为巧，此所游已。"

注释

①意而子：虚拟的人名。

②资：给予。

③躬服：亲身实践，身体力行。

④而：你。轵（zhǐ）：同"只"，句末语气词用法。

⑤黥（qíng）：古代刑法，用刀在额上刺刻，以墨涂之。

⑥劓（yì）：古代刑法，割去受刑人的鼻子。

⑦遥荡：逍遥放荡。恣睢：放任不拘。转徙：辗转变化。塗：通"途"，道路的意思。

⑧藩：篱笆，这里喻指受到一定约束的境域。

⑨与：赞许、赏鉴。下句同此解。

⑩瞽（gǔ）：瞎眼。黼（fǔ）黻（fú）：古代礼服上绣制的花纹。

⑪无庄：虚构的古代美人之名，寓含不装饰的意思。

⑫据梁：虚构的古代勇夫之名，寓含强梁之意。

⑬亡：丢失，忘却。

⑭炉捶：冶炼锻打，喻指得到"道"的熏陶而回归本真。

⑮息：养息。

⑯乘：载。成：备。"乘成"的意思就是，托载精神的身躯不再残缺。

⑰师：这里实指"道"。

⑱泽：恩泽。

纪连海谈 庄子

原文

颜回曰："回益矣①。"仲尼曰："何谓也？"曰：回忘仁义矣②。"曰："可矣，犹未也。"他日复见，曰："回益矣。"曰："何谓也？"曰："回忘礼乐矣。"曰："可矣，犹未也。"他日复见，曰："回益矣。"曰："何谓也？"曰："回坐忘矣③。"仲尼蹴然曰④："何谓坐忘？"颜回曰："堕肢体⑤，黜聪明⑥，离形去知⑦，同于大通，此谓坐忘。"仲尼曰："同则无好也，化则无常也⑧，而果其贤乎！丘也请从而后也。"

注释

①益：多，增加，进步。

②"仁义"当与后面的"礼乐"互换，忘掉"礼乐"进一步才可能是忘掉"仁义"。

③坐忘：端坐静心而物我两忘。

④蹴（cù）然：惊奇不安的样子。

⑤堕：毁废。

⑥黜：退除。

⑦去：抛弃。

⑧无常：不执滞于常理。

原文

子舆与子桑友,而霖雨十日①。子舆曰:"子桑殆病矣②!"裹饭而往食之③。至子桑之门,则若歌若哭,鼓琴曰④:"父邪?母邪?天乎?人乎⑤?"有不任其声而趋举其诗焉⑥。

子舆入,曰:"子之歌诗,何故若是?"曰:"吾思夫使我至此极者而弗得也。父母岂欲吾贫哉?天无私覆,地无私载,天地岂私贫我哉?求其为之者而不得也。然而至此极者,命也夫!"

注释

①霖:阴雨三日以上。"霖雨"即连绵不断地下雨。

②殆:恐怕,大概。病:困乏潦倒。

③裹饭:用东西包着饭食。食之:给他吃。

④鼓琴:弹琴。

⑤以上四句,均为子桑探问自己的困乏是由谁造成的。

⑥任:堪。趋:急促。"趋举其诗"是说急促地吐露出歌词。

纪老师说

在子舆、子来生病,身体发生奇怪变化时,子祀、子犁仍然可以淡然处之,在生死问题上表现出异于常人的超越与豁达。他们相信自然的形体是让人用以寄托的,认为鼠肝、虫臂都是大自然的造化,而人类处处以自我为中心,有了"人"的概念后便认为鼠肝、虫臂都不

正常,其实这不过是人类以自己的利益为中心,把人的要求强加给了自然,而鼠肝、虫臂的存在本身就有其存在的道理,这都是自然万物的发展变化规律。

在庄子看来,凡事始于"无",从无到有,那么世间万物都可以无为首,以生为脊,以死为尻。这种安于时运,顺应自然变化,把自然界中的一切都看作一体,看作自然而然发生的思想不正是庄子的思想中的"齐万物"么?

庄子的道家理论中,生只是意味着自然赋予人的形体,赋予人的操劳和种种权利,死意味着对自然本真的还复,这一切都是天的安排,都是生命的自然本性。所以当子贡质疑孟子反、子琴张二人对尸和歌是失礼之举的时候,两人反而相视而笑,是因为他们根本认为不必有这种礼数的约束,这些都是人为添加的无用之物。庄子借孔子之口颂扬了他的道家思想,点出儒家在世俗之内,注重人的自我道德修养和世俗礼仪,而道家则遨游在世俗之外,把生死看作多余的毒瘤和溃破。正如后文提到的,如同鱼在江湖中,人是时时刻刻处于"道"中的,感觉不到并不意味着"道"的不存在,反而"道"对人,对万物来说都非常重要,它是所有事物之所以为事物的根本所在。庄子借孔子之口提出了道家的生活理想,即在"道"中相处,一生坚持学道、体道和行道,忘记自己的躯体和主观臆断,忘掉尘世间的是非对错。

后来,庄子又为我们塑造了孟孙才这个人物。母亲过世,他随大家一起哭泣但是又不哀伤、悲痛，不被烦琐的礼数所牵绊。他表面的行为举止是世间常人的做法，但他的本质其实早已超越凡人。颜回的心灵尚未达到天人合一的境界，所以才会指责孟孙才"无其实而有其名"。

庄子崇尚道，追求道，他通过"真人"形象的描述与塑造，为后人呈现了一种精神自得型的理想人格模式，庄子的理想人格即逍遥人格。道家的最高典范是"真人"，老子追求的理想人格是清静，无为，不争。到了庄子，进一步把"真人"标准升级为"齐万物，一死生，逍遥无待"。他所倡导的这种敢于问天的求索精神，遵循规律的理性意识，不为外物所累的超然品格和身重于物的价值观念，都是庄子带给我们的宝贵财富。

命运对于美国的霍金来说，真是残酷到了极点！21岁，正值青春年华的他却因身患绝症而完全瘫痪，一个年轻的生命从此被禁锢在轮椅上；1985年，他又因肺炎手术被剥夺了说话的能力。不能动弹，不能说话，数十年残酷的病痛折磨，命运的无情清清楚楚地写在了他已经严重畸形的身上。

但是，谁都不能否认，他是当今世界上最有魅力的人之一。霍金的魅力不仅在于他是一个充满传奇色彩的物理天才，也因为他是一个令人折服的生活强者。他不断求索的科学精神和勇敢顽强的人格力量深深地吸引了每一个知道他的人。患有肌肉萎缩性侧索硬化症的他，几乎全身瘫痪，不能发音，但1988年仍出版《时间简史》，至今已出

售逾2500万册,成为全球最畅销的科普著作之一。当时医生诊断他只能活两年,但他却奇迹般地活了下来,虽然他丧失了活动能力,但其坚强的意志却促使其成为科学领域的伟人。

霍金首先是生活的强者,他用非凡的意志和病魔抗争,谱写了灿烂的人生,告诉人们什么才是坚强;霍金虽然全身瘫痪,但是他从不埋怨命运的不公,他乐观地面对生活,用一颗感恩的心去拥抱生活;他又是一位杰出的理论物理学家,他成功地探索了宇宙黑洞的秘密,想象出科学的美的宇宙模型;为人类探索宇宙的奥秘做出了卓越的贡献!

霍金说过,"身体和精神不能同时残障""无论命运有多坏,人总应有所作为,有生命就有希望"。不向命运低头,敢于向命运挑战。因此,一个全身瘫痪而永远无力再站起来的他,却热爱着自己的生活,忘我地投入工作,实现自己的理想!

霍金身上,具有庄子所认可的东西,那就是敢于问天的求索精神,遵循规律的理性意识,不为外物所累的超然品格和身重于物的价值观念。

我们应该认真思考,对于我们这些体格健全的人,又应该怎么去做。在当今这个科技飞速发展,物欲横流让人迷惘的社会中,过多的欲望和功利主义已经逐渐迷惑了我们的双眼,而庄子塑造的一系列"真人"所蕴含的哲学思想,无疑是给我们开辟了一块心灵的净土。

应帝王

原文

啮缺问于王倪①,四问而四不知。啮缺因跃而大喜,行以告蒲衣子②。

蒲衣子曰:"而乃今知之乎?有虞氏不及泰氏③。有虞氏,其犹藏仁以要人④,亦得人矣,而未始出于非人⑤。泰氏,其卧徐徐⑥,其觉于于⑦,一以己为马⑧,一以己为牛;其知情信⑨,其德甚真,而未始入于非人。"

注释

①啮(niè)缺、王倪:人名。

②蒲衣子:人名,传说中古代贤人。

③有虞氏:虞舜。泰氏:伏羲氏。

④要(yāo):交结,这里含有笼络的意思。

⑤非人:指物我之分两忘。

⑥徐徐:宽缓安闲的样子。

⑦于于:悠游自得的样子。

⑧一：或。

⑨情：真实，实在。

原文

　　肩吾①见狂接舆。狂接舆曰："日中始何以语女②？"肩吾曰："告我君人者以己出经式义度③，人孰敢不听而化诸④？"

　　狂接舆曰："是欺德也⑤；其于治天下也，犹涉海凿河而使蚉负山也⑥。夫圣人之治也，治外乎⑦？正而后行⑧，确乎能其事者而已矣。且鸟高飞以避矰弋之害⑨，鼷鼠深穴乎神丘之下以避熏凿之患⑩，而曾二虫之无知⑪！"

注释

①肩吾：人名。接舆：楚国隐士陆通的字。

②日中始：假托人物，肩吾的老师。

③以己出：用自己的意志来推行。义：仪，法。

④化诸：随之变化呢。

⑤欺德：欺诳的做法。

⑥蚉："蚊"字的异体字。

⑦治外：治理外表。

⑧正：指顺应本性。行：指推行教化。

⑨矰（zēng）：系有丝绳用来弋射的短箭。弋（yì）：用丝绳系在箭上射飞鸟。

⑩鼷（xī）鼠：小鼠。神丘：社坛。熏凿：指用烟熏洞，用铲掘地。

⑪曾：竟。

原文

天根游于殷阳①，至蓼水之上②，适遭无名人而问焉③，曰："请问为天下④。"无名人曰："去⑤！汝鄙人也，何问之不豫也⑥！予方将与造物者为人⑦，厌，则又乘夫莽眇之鸟⑧，以出六极之外，而游无何有之乡⑨，以处圹埌之野⑩。汝又何帠以治天下感予之心为⑪？"又复问。无名人曰："汝游心于淡⑫，合气于漠⑬，顺物自然而无容私焉，而天下治矣。"

注释

①天根：虚构的人名。殷：山名。"殷阳"即殷山的南面。

②蓼（liǎo）水：水名。

③遭：逢，遇上。无名人：杜撰的人名。

④为：这里是治理的意思。

⑤去：离开、走开。

⑥豫：悦，愉快。

⑦人:偶。"为人"即相互作为伴侣。

⑧莽眇(miǎo)之鸟:状如飞鸟的清虚之气。

⑨无何有之乡:什么都不存在的地方。

⑩圹(kuàng)埌(làng):无边无际的样子。

⑪臬:"寱"的借字,说梦话的意思。

⑫淡:听任自然,保持本性的心境。

⑬漠:清静无为,居处漠然。

原文

阳子居见老聃①,曰:"有人于此,向疾强梁②,物彻疏明③,学道不勌④。如是者,可比明王乎?"老聃曰:"是于圣人也,胥易技系⑤,劳形怵心者也⑥。且也虎豹之文来田⑦,猨狙之便执嫠之狗来藉⑧。如是者,可比明王乎?"阳子居蹴然曰⑨:"敢问明王之治。"老聃曰:"明王之治,功盖天下而似不自己⑩,化贷万物而民弗恃⑪;有莫举名⑫,使物自喜;立乎不测,而游于无有者也。"

注释

①阳子居:战国时哲学家。

②向(嚮):通"响(響)",回声。强梁:强干果决。

③彻:洞彻。疏明:通达明敏。

④勌(juàn):"倦"字的异体字。

⑤胥：通"谞"（xǔ），智慧的意思。系：系累。

⑥劳形：使身体劳苦。怵（chù）心：心里感到恐惧、害怕。

⑦文：纹，这里指具有纹饰的皮毛。田：打猎。

⑧猨（yuán）狙（jū）：猕猴。便：便捷。斄（lí）：狐狸。藉：用绳索拘系。

⑨蹴（cù）然：惊惶不安而面容改变的样子。

⑩自己：出自自己。

⑪化：教化。贷：推卸，施及。

⑫举：称述。

纪老师说

庄子对国君之术其实是不大感兴趣的。但他想告诉世人，每个人都是自己的王，要成为生命和世界的主宰，而不是受奴役，这才是"应帝王"的根本含义。

这部分讲了四个故事，一是借蒲衣子之口说出理想的为政者，听任人之所为，从不堕入物我两分的困境。二是指出制定各种行为规范乃是一种欺骗，为政者无须多事，他们顺应本性而后感化他人，听任人们之所能。倘要强人所难，就像"涉海凿河"，"使蚊负山"一样。意思是说，君主不能把自己意识强加于民众。三是进一步倡导无为而治，即"顺物自然而无容私焉"的主张。四是提出所谓"明王"之治，即"使物自喜""化贷万物"的无为之治。

综合上述内容来看，庄子强调的应该是统治者与被统治者之间的和谐。当然，这样的和谐是需要一定条件的，一是统治者与被统治者身份的平等，二是他们间的相互尊重。当每个人都能成为生命和世界的主宰者，那么大家就都是王了，平等与尊重也就都符合了。

我国历史上夏朝的最后一个国王桀是中国历史上有名的暴君，他不修德，奢侈无度，对人民实行残酷的剥削和压迫，据《竹书纪年》记载，他"筑倾宫、饰瑶台、作琼室、立玉门"。还从各地搜寻美女，藏于后宫，日夜与妺喜及宫女饮酒作乐。据说酒池修造得很大，可以航船，醉而溺死的事情时常发生，荒唐无稽之事，常使妺喜欢笑不已。民众的生活则十分困苦，他们每年的收成难得温饱，更无兼年之食，每遇天灾则妻离子散。夏代臣民指着太阳咒骂夏桀说："时日曷丧，予及汝偕亡"。意思是说，你几时灭亡，我情愿与你一起灭亡。在夏王朝内外交困之际，商族的首领汤乘机率兵伐夏，桀战败后逃亡于外，夏朝灭亡，商朝开始。

商代的最后一个国王纣生活异常腐朽，作"酒池肉林"，为"长夜之饮"，对内实行高压政策，滥用酷刑，对外连年用兵，征服异族，使阶级矛盾和民族矛盾更加尖锐。此时，商的属国周在西方兴起，周武王兴兵大举向殷都进攻。纣王临时将奴隶武装起来与周对抗，双方会战于牧，奴隶们倒戈相向，纣王兵败自焚而死，商朝灭亡，周朝开始。

夏桀与商纣王为什么会导致国家灭亡呢，就是因为他们把自己看成是这个世界的主宰者，不用平等的眼光看待苍生，严酷以对。而历史恰恰证明了庄子的思想观点，那就是不顺应民意的统治者，老百姓一定会起来反抗，并最终会取而代之。

纪连海谈 庄子

原文

郑有神巫曰季咸①,知人之死生存亡、祸福寿夭,期以岁月旬日②,若神。郑人见之,皆弃而走。列子见之而心醉③,归,以告壶子,曰:"始吾以夫子之道为至矣,则又有至焉者矣。"壶子曰:"吾与汝既其文④,未既其实⑤,而固得道与?众雌而无雄,而又奚卵焉⑥!而以道与世亢⑦,必信,夫故使人得而相汝。尝试与来,以予示之。"

明日,列子与之见壶子。出而谓列子曰:"嘻!子之先生死矣!弗活矣!不以旬数矣⑧!吾见怪焉,见湿灰焉⑨。"列子入,泣涕沾襟以告壶子。壶子曰:乡吾示之以地文⑩,萌乎不震不正⑪。是殆见吾杜德机也⑫。尝又与来。"

明日,又与之见壶子。出而谓列子曰:"幸矣,子之先生遇我也!有瘳矣⑬,全然有生矣⑭!吾见其杜权矣⑮。"列子入,以告壶子。壶子曰:"乡吾示之以天壤⑯,名实不入⑰,而机发于踵⑱。是殆见吾善者机也⑲。尝又与来。"

明日,又与之见壶子。出而谓列子曰:"子之先生不齐⑳,吾无得而相焉。试齐，且复相之。"列子入，以告壶子。壶子曰："乡吾示之以太冲莫胜㉑。是殆见吾衡气机也㉒。鲵桓之审为渊㉓，止水之审为渊，流水之审为渊。渊有九名，此处三焉㉔。尝又与来。"

明日，又与之见壶子。立未定，自失而走㉕。壶子曰："追之！"列子追之不及，反，以报壶子曰："已灭矣㉖，已失矣，吾弗及已。"壶子曰："乡吾示之以未始出吾宗㉗。吾与之虚而委蛇㉘，不知其谁何㉙，因以为弟靡㉚，因以为波流㉛，故逃也。"

然后列子自以为未始学而归㉜，三年不出。为其妻爨㉝，食豕如食人㉞。于事无与亲㉟，雕琢复朴㊱，块然独以其形立㊲。纷而封哉㊳，一以是终㊴。

> **注释**
>
> ①巫：占卜识相的人，"神"指其预卜十分灵验。
>
> ②期：预卜的时期。
>
> ③列子：即列御寇，郑国人。心醉：这里指内心折服。
>
> ④既：尽，全。文：纹饰，外在的东西。
>
> ⑤实：本质，与上句之"文"相对。
>
> ⑥卵：用作动词，产卵的意思。
>
> ⑦亢：通"抗"，匹敌、对付的意思。
>
> ⑧旬：十日。
>
> ⑨湿灰：死灰犹可复燃，而水湿之灰已无复燃之可能，喻指必死

无疑。

⑩乡（xiàng）：通"向"，过去、先前的意思。示：显露，给……看。地文：大地上的纹理，即大地上山川湖海等表征。

⑪萌：疑通"茫"。震：动。正：疑为"止"字之误。

⑫杜：闭塞。德机：至德的生机。

⑬瘳（chōu）：病愈，这里指病兆大大减轻。

⑭生：生气，这里指有了成活希望。

⑮权：机。

⑯天壤：天地，这里指像天与地之间那样的相对与感应。

⑰名实：名声和实利。不入：指不为所动，不能进入内心。

⑱踵：脚后跟，这里指人的根基。

⑲者：用同"之"。

⑳齐：心迹稳定。

㉑太冲：太虚。

㉒衡：平。"衡气机"是说内气持平，应称生机，浑然凝一。

㉓鲵（ní）：鲸鱼，泛指大鱼。审：水回流而聚积的地方。

㉔此处三焉：意思是这里说了渊的三种情况。

㉕自失：不能自持。

㉖灭：消逝了踪影。

㉗宗：源，根本。

㉘虚：活脱，一点也不执着。委蛇（yí）：随顺应付。

㉙何：什么。

㉚以为：以之为，把自己变成。弟靡：颓废顺从。

㉛波流：像水波一样逐流。

㉜未始学：从不曾学过道。

㉝爨（cuàn）：烧火行炊。

㉞食（sì）：饲养，给……吃的意思。

㉟无与亲：无亲疏之别，没有偏私。

㊱"雕琢"指原来的华饰，"复朴"指现在业已恢复朴实的"道"。

㊲块然：像大地一样木然。

㊳纷：这里指世间的纷扰。封：守，这里指能够持守本真。

㊴一：如一，贯一。

原文

无为名尸①，无为谋府②；无为事任③，无为知主。体尽无穷④，而游无朕⑤；尽其所受乎天，而无见得⑥，亦虚而已⑦。至人之用心若镜，不将不迎⑧，应而不藏，故能胜物而不伤⑨。

注释

①名：名誉。尸：主，引申指寄托的场所。

②谋府：出谋划策的地方。

③任：负担。

④体：体验、体会，这里指潜心学道。

⑤朕（zhèn）：迹。

⑥见（xiàn）：表露，后写作"现。"

⑦虚：指心境清虚淡泊，忘却自我。

⑧将：送。

⑨胜物：指足以反映事物。

原文

南海之帝为儵，北海之帝为忽，中央之帝为浑沌①。儵与忽时相与遇于浑沌之地，浑沌待之甚善。儵与忽谋报浑沌之德，曰："人皆有七窍以视听食息，此独无有，尝试凿之。"日凿一窍，七日而浑沌死。

注释

①儵（shū）、忽、浑沌：都是虚拟的名字，"儵""忽"寓指有为，"浑沌"寓指无为。

纪老师说

这一部分，先写壶子与神巫咸季斗法。

故事是从壶子的弟子列子那里开始的。他见到了咸季之后，内心折服，如醉如痴，就回去对老师壶子说：我开始以为您老人家的道高得不得了，世界上只有您第一，现在我又找到了一个第一，老师啊，您现在已经变成第二了！

壶子说，好吧，让他来，让我见识一下这个天下第一。

于是，斗法开始了。

第一次，壶子将如同地表那样寂然不动的心境显露给咸季看，茫茫然既没有震动也没有止息。咸季说，壶子快要死了。第二次，壶子将天与地那样相对而又相应的心态显露给咸季看，名声和实利等一切杂念都排除在外，而生机从脚跟发至全身。咸季说，壶子的症兆减轻了，完全有救了。第三次，壶子把阴阳二气均衡而又和谐的心态显露给咸季看。咸季说，壶子心迹不定，神情恍惚。最后一次，壶子使自己变得颓废顺从，变得像水波逐流一样。结果呢？神巫咸季吓得飞快地逃跑了。

这件事给了列子很大的教育。于是，他回到家里，三年不出门。他帮助妻子烧火做饭，喂猪就像侍候人一样。对于各种世事不分亲疏，没有偏私，过去的雕琢和华饰已恢复到原本的质朴和纯真，像大地一样木然忘情地将形骸留在世上。虽然涉入世间的纷扰却能固守本真，并像这样终生不渝。

列子最后到了什么程度呢？亲疏观念都没有了，对万物没有了偏爱，清除了所有的雕琢，回归到了最质朴的状态，不偏不倚，就像木桩子一样独立于世间。外界的纷繁万象似乎都与自己无关，始终只坚

纪连海谈 庄子

守大道而已。

在中国历史上,这可能是第一个揭露看相人骗局的故事,这故事告诉我们什么道理呢?

我以为,像神巫咸季那样搞花里胡哨的把戏是不行的。只有把自己的聪明才智学问通通丢到一边,鬼心思、疑心病,一概删除,才能返璞归真,做一个平凡的老实人。这就像生活一样,生活是什么?不就是扫地、剥葱,不就是洗衣做饭吗?

最后一个故事,南海的帝王叫倏,北海的帝王叫忽,中央的帝王叫浑沌。倏和忽时常在浑沌的地方见面,浑沌款待他们特别好。倏和忽共同商量报答浑沌的美德,说:"人们都有七窍用以看、听、吃喝、呼吸,唯独浑沌没有,我们试着给他凿成七窍。"一天凿成一窍,凿到七天浑沌就死了。

庄子告诉我们什么?就是不要做名声的载体,不要做谋策的机关;不要承担任何事情,不要做智巧的主宰。本体是无穷无尽的,而遨游开始没有迹象;用尽它所禀受的天然本性,不要以为自己得到了什么,只不过是虚无罢了。至人的用心好像镜子,照过的不去送,未照的不去迎,现在照的也不留痕迹。所以能够经得起考验而不受损伤。

有个词叫返璞归真。语出《战国策·齐策四》:"归真反璞,则终身不辱。""归真"之意,指回归本来的自然状态,"真"即本真、自然。这里面蕴含着本真思想,返璞归真,无所雕饰,如同肇始于鸿蒙，周行天下，葆有纯真，而复归于元始，直达真谛。

现代社会物欲横流，追名逐利，几乎人人都浸淫于复杂而浮躁的环境之中，究竟有多少人能保持内心的纯真、纯洁，不受利欲的侵蚀？它给我们的启示即是，一定要追求道德和净化心灵的过程。